我為什麼去法國上哲學課？實踐篇

思考讓我自由，
學會面對複雜的人際關係，
做對的決定

褚士瑩——著

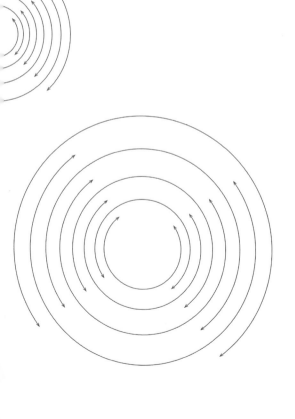

因為學習哲學思考，

改變了我看待人、看待世界，

甚至看待自己的方式。

—— 褚士瑩

序

「蘇格拉底對話」教我的十件事

有效率的溝通人人嚮往，而哲學思考則是讓溝通的路上開闢出一條高速道路，不僅能在解決問題的同時，檢視自己的觀點，更能因此成為一個了解自己的人。

我聽過很多人說「你有你的邏輯，我有我的邏輯」，實際上，這個世界，邏輯從來只有一套，但是通往邏輯的方法卻有很多。

在這些方法當中，「蘇格拉底對話」是我最喜歡的方法。作為一個非哲學專業出身的NGO工作者，學習這套思考、對話的方法，對我有很大的幫助。

很多人問我這套從古希臘流傳至今兩千五百年的古老方法有什麼魔力，讓我如此臣服，我的回答都是：「因為蘇格拉底提問的藝術，在工作上幫助身為和平工作者的我，使用非暴力溝通的方法解決衝突；在私下的日常生活中，也幫助我認識問題的本質，透過提問，讓問題變小，甚至不見。」

聽起來很神奇吧？要把蘇格拉底對話靈活應用，雖然是一門技術，必須經過嚴謹的學習，但蘇格拉底對話的基本態度，即使沒學過這套對話技巧，也是每個人、每天都可以活用的。這十種態度包括：

態度一——保持理性

理性應該作為我們的想法、我們的對話的基本原則。要維持理性，需要對於與人對話有熱情，需要自由彈性的腦袋和主動的態度，不能用道德或習慣作為藉口自我設限，同時要能夠對思考感到愉悅，而非痛苦。這些都是抱持理性的方法，也只有抱持理性的人，才能在對話中靠近真理。

態度二——直接回答問題

我們時常有閃避提問的習慣，因為種種原因不願意直接回答問題，但是我們應該有直面問題的勇氣，不管是別人對我們的提問，還是我們對自己的提問，都不能試圖去扭曲它，不要拐彎抹角，也不能避重就輕。我們應該視提問是跟別人、跟自己對話的鄭重邀請，應該坦然接受挑戰，相信對方之所以會提問，是因為對方對於你的想法真心感到好奇，同時想要信任你的回答，我們不應該背叛、浪費這份信任。同樣的，我們也應該用相同的態度來向別人提問。

態度三──彼此信任

我的法國哲學老師奧斯卡・柏尼菲時常開玩笑說：「如果你沒有打算要聽到壞消息，就不要問你的伴侶『你愛我嗎？』直接要求他『告訴我你愛我』就好了！」請記得，無論是別人向我們提問，或是回答我們的提問，都是一種「信任」的表現，而不是為了要挖坑給我們跳、要說服我們，或是控制我們。這是為什麼我們用信任來回應信任，不會有任何損失，只會有收穫。

態度四──尊重常識

常識很重要。大多數人的想法，叫做「常識」，雖然多數人的想法不一定是對的，但我們不能不知道大多數人的想法是什麼。我們有時候或許會因為理性或是良心，決定做出違反常識的事，但是我們不能因為自己的主觀，而認為常識不重要，甚至可以否認。

態度五——不怕下判斷

很多人害怕被別人貼標籤，這是不真誠的。因為無論對方有沒有說出來，在跟我們接觸的第一眼，就已經對我們做出了評斷，就像我們對於別人也會這麼做。沒有說出來，不代表我們沒有評斷彼此。做「判斷」，本來就是理性思考非常重要的工具，不需要害怕評斷別人，也不用害怕被別人評斷，而是應該找出證據，做出合理的論證。貼標籤從來就不是問題，只有貼錯沒有證據的標籤才是問題。

態度六——自我覺察

面對問題，首先必須要有充分的自我覺察，把自己不舒服的感受先放在一旁，正視自己真正的想法、自己的偏見，我們說出來的每一句話，都是我們的一部分，正視並且承認自己的主觀、歧視與偏見，幫助我們能夠理性思考。

態度七——為自己說出的話負責

「一言既出，駟馬難追」是一個重要的理性態度。我們不能試圖去否認，或是掩飾我們說出的話語，很多人時常在聽到對方反對我們的觀點以後，說：「這不是我的本意。」勇敢承認，接受我們說出的話，並且能不帶感情地拉開距離來檢視自己說過的話，就像檢視別人的話語一樣嚴格。

態度八——對話沒有輸贏

真誠的對話，不是辯論比賽，勝負不是對話的目的，所以爭辯誰是誰非，捍衛自己的觀點，或是將自己的意見強加在別人身上，都是誤解了對話的用意。對話不是競賽，我們不是為了彼此攻擊而對話，而是一種真誠的彼此揭露，幫助彼此看見自己思考的盲區。

態度九——無怨無悔

對於已經說出的話，不用後悔，也不需要因為傷害對方的感受而道歉，因為我們所說的話，都在真誠展現自己的存在，呈現自己思考的方式；我們並不是為了要取悅自己或是對方而對話，而是為了要增加我們對自己的覺察，並且看到人事物的本質。我們對自己的一言一語，當然責無旁貸。

態度十——和自己保持距離

每一個父母都不能接受別人批評自己的孩子醜陋，即使那是事實。我們對待我們的話語，往往也抱持著這樣的野蠻態度。我們在思考、說話的時候，要試著跟自己拉出距離，並且保持真誠，不需要緊抓著自己的觀點不放，也不要變得情緒化；而是平靜地接受別人對我們的批評，並且以「聞道」而喜悅，看見自己的極限和缺點。

世界上每天都有新理論、新方法，但是我情有獨鍾的蘇格拉底對話，如此古老而純粹。掌握了這十個態度，也就掌握了哲學諮商的基礎！

目次

contents

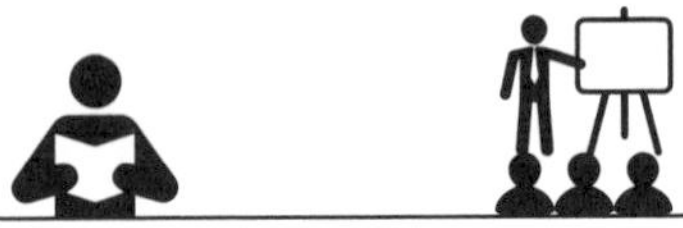

上課鈴響

下課鈴響

上課鈴響

搶走禮物的聖誕老人

——「尊師重道」根本是假的？

邏輯思考的前提，就是要學會「剪斷臍帶」，跟自己心中生出來的想法、口中說出來的話語進行分離。

用第三者的角度來看自己

話說《我為什麼去法國上哲學課？》這本書出版後，有一次我像往常一樣，在法國巴黎郊區哲學老師奧斯卡的家中參加哲學諮商的訓練工作坊，一切都很順利。這時候，他突然停下來，臉轉向我的方向，當著所有人非常嚴肅地問我：

「我雖然看不懂中文，但是有人告訴我，你在書裡面形容我是聖誕老人。」

大家聽了，先是愣了一下，然後有幾個人竊笑起來，因為奧斯卡胖嘟嘟的，灰白的頭髮跟鬍子完全沒有梳理，又老愛穿紅色吊帶褲，還真的有幾分神似聖誕老人！

被這麼突如其來一問，我當時的第一反應是：「是哪個愛告狀的討厭鬼！」

「但是你說的，似乎不只是聖誕老人唷！」奧斯卡意味深長地看著我。

他這麼一說，我的臉立刻僵住了，因為我幾乎忘了，我在書裡確實還說了更多。

「你當著大家的面，告訴我你形容我是什麼！」

當場我的臉瞬間漲紅成豬肝色，心跳恐怕飆到每分鐘兩百下，心裡想這下慘了！

「你在等什麼？奏樂嗎？」這個奧斯卡真的很故意！落井下石的功夫，實在有夠高！我實在說不出口！

所有人的目光都盯在我身上，四周的沉默讓人難堪。我像一隻暴露在烏鴉群中的毛毛蟲，知道這一回難逃鳥劫。

於是我嚥了嚥口水，抱著必死的決心，吞吞吐吐地說：「一個……會……把禮物……從你身邊……搶走……的……聖誕老人。」

空氣中一片靜默，全場來自世界各地的學生，都倒抽一口冷氣，沒有人知道接下來會發生什麼事。因為資深的學生不止一次親眼見過奧斯卡跟忤逆他的學生嗆聲、肢體衝突的暴力場面，甚至被當場要求捲鋪蓋走路的也有。

結果意想不到的事情發生了！

奧斯卡聽到了，抱著他的肚子大笑起來。「哈哈哈哈哈……」而且笑到差點岔氣！

「你說得真是太傳神了！」

大夥兒先是愣了一會兒，之後才跟著放心地大笑起來，只剩下我還呆在原處，桌子下的雙腳還在顫抖，不知道發生了什麼事。

當時我很難想像，怎麼會有一個人，發現自己被形容成「把禮物從人家身邊搶走的聖誕老人」後開心成那樣。但是等確認危機已經解除，頭腦稍微冷靜下來以後，我清楚地知道：

沒錯，這就是我的哲學老師奧斯卡。

他不在乎好聽的話，如果不是真實的，再好聽的話也會惹他老人家暴跳如雷。

然而只要是真實的話，再難聽他也不在乎，甚至還會哈哈大笑。

因為他的頭腦，不像大多數人，長期被卡在愚蠢的自尊心和驕傲裡面，所以他能夠像看待別人一樣，用第三者的角度來看自己——就像一隻有複眼的昆蟲，視線超廣角！比較起來，我就像兩隻眼睛擠在一起的比目魚，往往只能看得見自己眼前的東西。

光憑這一點，無論他在別人心目中多古怪，他還是值得我跟隨的老師！

被挑戰、被質疑，反而覺得高興？

「世界上可以學、值得學的那麼多，為什麼偏要學哲學思考？」

「就算學哲學思考，古今中外可以學、值得學的老師那麼多，為什麼是那個古怪的奧斯卡？」

這兩個疑問，大概是自從我去法國開始跟奧斯卡・柏尼菲博士哲學踐行以來，最常被問到的兩個問題。

其實被這樣挑戰，我一點也沒有不舒服的感受，甚至真心覺得在一次又一次的回答中，讓我有機會一次又一次地檢視這個命題。透過別人的質疑，去檢視我的初衷，確認我的目的，思考我使用的方法，是否都符合理性的邏輯思維，這本身就是一個很棒的過程。

認為「被挑戰」是好事，在自己的態度上很明顯地改變，而我喜歡這樣的自己。就像奧斯卡說的比喻，邏輯思考的前提，就是要學會「剪斷臍帶」，跟自己心中生出來的想法、口中說出來的話語進行分離。一旦想法生出來、從嘴裡說出來、用筆寫下來，或是變成行動，它就再也不是「我的」，當然可以被客觀地檢視，沒有必要像是捍衛自己的孩子般，捍衛我們的想法跟語言。

奧斯卡在面對來自俄羅斯戰鬥民族的學生時，還會用更激烈的比喻，他會說這叫做必須「殺死自己」，才能夠學會思考，置之死地而後生。面對來自日本的學生，他則會用日本禪宗的公案「見佛殺佛」來譬喻。他知道在面對什麼文化情境時，使用最能夠刺痛對方情感弱點、激起其腦中驚濤駭浪的說法，這證明了奧斯卡是一個極度聰明，而且知識淵博，各家思維融會貫通的天才。

但是不管用什麼方式來說，都是要人能夠學會拉出距離，拿掉情緒，毫不手軟地去深入觀察、分析、思考，自然就能夠看見我們遇到的問題「本質」是什麼。這個使用各式各項的思考工具去「究竟」的過程，就叫做「哲學踐行」。而學習這個方法的過程，就叫做「學習哲學思考」。

這也難怪奧斯卡知道在《我為什麼去法國上哲學課？》這本記錄我如何開始進入他門下學習的書中，形容他根本是一個「你以為他要給你禮物，結果卻把禮物從你身邊拿走的聖誕老公公」時，輾轉透過會中文的學生，來向我求證：是不是這樣說他？我為什麼這麼說？

受到這樣的質疑，我當場捏了一把冷汗，但是仍然實話實說，並且舉出了幾個證據。他聽完之後，大出我意料之外，奧斯卡非但沒有生氣，反而哈哈大笑，覺得我說得太對了，得意地堅持要我在巴黎把這件事告訴他的其他學生。

如果這樣的人不算怪，我不知道誰是怪人！（笑）

尊師和重道，原來不是同一件事！

奧斯卡之所以怪異，是因為他真心相信「思考」與「透過提問來對話」的力量，同時可以拋下個人好惡情緒，通過嚴謹的理性思考，看到「思考的本質」「語言的本質」，以及「行動的本質」。

也因為這位非典型的老師，人生第一次，知道如何想清楚「尊師重道」這個傳統的觀念——原來「尊師」跟「重道」本來就是兩件事，只是我以前都搞混了。

尊師是尊重老師這個人在專業位置上做的事——比如像傳道、授業、解惑。但是「尊重」老師的專業，不一定要「喜歡」老師這個人。就像我們尊重一個科學家、演員、政治家的專業，不見得要喜歡他這個人私下的種種行為。所以一個頂尖的科學家外遇劈腿、陷害忠良，都比較容易可以原諒，無損於他是一個優秀科學家的事實，不見得要接受革職的處分。但是如果他在科學期刊上面發表的實驗成果研究造假，那就不可原諒，非革職不可。

雖然表面上，造假數據沒有人受到實質上的傷害，但是，一位科學家的私生活不檢點，並不影響他作為一個優秀科學家的判斷；然而實驗造假，人們就勢必失去對他身為一個科學家的尊重。所以為了能夠訓練更好的「判斷力」，在「情感」和「理智」兩個面向上，我們必須學會做出更好的選擇，才能夠在這個沒有標準答案的世界上坦然生存。

實際上，奧斯卡也從來沒有期待他的學生、或是任何人喜歡他，既然沒有期待，他也不會浪費時間去做讓別人喜歡的事。他認為，在我們接受這位老師思考訓練的時候，與其花費這些對他而言是浪費在「相濡以沫」上的時間和精力，不如把同樣的力氣拿去用在有用的思考上。相忘於這個叫做「哲學」的江湖，這才叫做「重道」。

沒有「哲學之道」，我們就不是朋友

我記得有一堂課，我擔任他的助教和翻譯，他若無其事地說：

「我沒有什麼朋友。從來沒有人邀請我去參加他們的生日派對。因為他們不知道我會不會說出什麼不得體的話。我也不能保證我不會，因為我必須對我的思考百分之百地誠實。對一般重視社交禮節的人來說，請我去參加派對或宴會的風險，實在是太高了，我完全明白。」

一個人能夠如此若無其事地說出自己沒有朋友的事實，理性地用旁觀者的角度來分析原因，並且接受這個代價，決定自己的命運，我在奧斯卡身上看到他把極度的理性應用在自己的生命裡。雖然讓人聽來有點悲傷，但跟著他經過長時間的訓練和學習之後，我能辨識出他是蘇格拉底真正的嫡傳弟子，雖然兩人中間隔了兩千五百年的時空，但是從奧斯卡重視「提問的藝術」和「蘇格拉底對話」的程度，可以證明他們的緊密關係。奧斯卡不時開玩笑說，如果遭遇到蘇格拉底被人討厭、甚至因此被殺死的命運，他也完全能夠接受。

接著奧斯卡又指著我說：

「跟我花很多時間在一起，那是基於我們共同對於哲學的愛，我們並不是朋友。如果哪一天不喜歡哲學了，我們就永遠不會再見，也不會有任何聯絡，所以不要搞錯了，以為我有朋友。」

奧斯卡這麼說，當下我也笑了，因為我知道，他說的是對的。

拒絕任何人喜歡他，或宣稱是他的朋友，不是無情，也不是不懂人情世故，而是一個對哲學這個「道」的選擇。他輕蔑世俗的價值觀，是因為「重道」，所以不要試著用世俗的標準來接近他、評斷他，更不要想著要得到他的喜歡，或是勉強自己去喜歡他。但是如果喜歡他這個老師傳授蘇格拉底一脈相傳的道理，就是對他最大的恭維與讚美。

當然，送奧斯卡茶葉也有點效果，因為你立刻會從這位怪老頭身上得到一個難得的笑容和感謝，畢竟他也是有人性弱點的。只是我發現這種賄賂往往只有一、兩秒鐘的效果，他絕對不會記得是誰送給他的。如果他記得的話，也不會是好事，肯定是他非常不喜歡，要來向你抱怨！

知道這個人、這些事，該不該跟著這個在法國哲學界，一提到他的名字，空氣就瞬間降溫冷卻的怪傑天才學哲學？如果問我的話，無論如何，我當然說「ＹＥＳ」！但我也只是另一個別人眼中的怪人而已，所以還是自己想清楚吧！（笑）

實踐篇 ①

我可不可以想做什麼就做什麼？

——限制與自由的辯證

想做什麼、就做什麼，不知道「謹慎的壞處」的人，就像不知道「不謹慎的好處」的人，其實都只看懂了一半。

學哲學，學到官司纏身？

作為奧斯卡的學生，哲學踐行的實踐者，我可以慢慢學會理解「絕對的誠實」跟「社交辭令」，是兩種不同的價值觀，一般人總會看狀況在兩個頻道來回切換，但奧斯卡拒絕這麼做，因為他認為這跟「絕對的誠實」是相違背的。

大多數不認識他的人，並不了解這點。這或許也是為什麼，他像是《哈利波特》裡面少數幾種能夠殺死毛菇精的「變色蝸」，只要變色蝸爬過的地方都會留下一種毒液，讓接觸到牠的植物枯竭燃燒（顯然我沒有記取聖誕老人的教訓，竟然還敢繼續造口業），身為他的學生，我常常有那種要跟在奧斯卡屁股後面滅火的無奈感覺。

我曾經看到駐外的法國外交官，陪同他到了當地的法國學校，對孩子們上兒童哲學課。結果嚴厲的奧斯卡爺爺，毫不留情地好好修理了一群自以為聰明的小朋友，弄到教室四處傳出爆哭的聲音，一發不可收拾，他自己看得心煩，二話不說就決定不上了，毫不在乎地走出教室抽菸。法國外交官跟校長，對於他這種態度，一個暴跳如雷，另一個聲淚俱下，「是我們出錢請你來的耶！我們代表法國，你怎麼可以這樣丟法國的臉！」但是奧斯卡只是繼續面無表情地在禁菸的校園，抽完他的小雪茄，然後就頭也不回地走了！

這還不算最糟的。我還見過有主辦單位，邀請奧斯卡搭著舒適的頭等艙來參加研討會，他再怎麼不識相，既然拿了錢，應該會在台上說幾句感謝主辦單位的話。萬萬沒想到他上台以後，竟然把主辦單位狠狠罵了一頓，指出他們的千錯萬錯，讓主辦單位難堪極了（雖然他說的大多都是事實），結果搞到主辦單位取消奧斯卡的飯店跟機票，要他當場滾蛋，不但入住的飯店得自己付錢，還得想辦法買機票回巴黎去……奇妙的是，奧斯卡每次回憶起這件事時，不但沒有生氣，反而喜孜孜的，彷彿是一段甜美而有趣的回憶和一種成就。

旁觀這些事情，沒有太大感受，但當這種「變色蝸」爬過的事情，發生在我身上時，就一點都不好笑了。

在一次我幫奧斯卡安排商務行程，戰戰兢兢平安結束後，奧斯卡不顧我的極力反對，堅持答應要跟老闆一家人吃飯。飯局之中，老闆家人客套地請他多多指教，沒想到奧斯卡老師……不，「奧斯卡變色蝸」這下子火力全開，當著一桌酒菜，把這有頭有臉的權貴人家，每個人的缺點，都用哲學諮商的觀點，方方面面、結結實實羞辱了一輪（再次強調，雖然奧斯卡說的大部分都是事實），之後就酒足飯飽、心滿意足地回飯店睡覺了。

回到巴黎沒多久，就收到了律師信函，對方以違反合約之名，將我和奧斯卡都告上法庭，不但拒絕支付已經完成的合約款項，還要加倍求償，而且我這個學生也遭受池魚之殃，幫奧斯卡墊付的費用，包括機票錢等等都要不回來。

就這樣，這場莫名其妙的官司，打了將近兩年的時間，一天到晚開庭傳訊，付了各式各樣的律師費用、開庭費用、翻譯費用。雖然對方氣消之後自知理虧，願意付錢和解，但從小就謹慎做人、怕生事端的我，也被搞得奄奄一息，厭世感飆升，從此發誓再也不直接幫奧斯卡處理任何邀約。

「老師，那頓飯，你為什麼非吃不可？那些話，你為什麼非說不可？」整件事情塵埃落定後，我拖著俱疲的身心，忍不住去跟奧斯卡要個解釋。

「他們一家人或許有權有勢，但我不在乎代價，至少我得到我的尊嚴！」

「老師，那麼我被迫付出的代價，還有我的尊嚴呢？」我鼓起勇氣發出悲鳴。

空氣中一陣沉默。

他老人家只是一如往常抽著他心愛的小雪茄，假裝沒聽到，看著遠方，避重就輕地說：「你們亞洲的法院還是不錯，挺有效率的！要是在我們法國，這案子拖個五年、十年也是剛好而已吧！」

我聽到拳頭忍不住硬了起來。看來奧斯卡被告上法院、到處打官司，也是家常便飯啊！

就在這時，奧斯卡好像突然想到什麼有趣的事，嘴角露出微笑：

「對了，我有告訴你，俄羅斯黑道威脅我永遠不准再回去的事嗎？」

有！我聽過一百遍了！（奧！斯！卡！你真的很故意！）

想做什麼，就做什麼可以嗎？

時常不在乎後果，率性而為的奧斯卡，讓我意識到自己是一個謹慎的人，所以才會對於他為所欲為的瀟灑人生態度，覺得難受。

「人生可不可以想做什麼就做什麼？」

在進行哲學諮商的經驗中，我發現一個人如果認為這個問題的答案是「不可以」的話，他可能就是一個謹慎的人。但是我真的清楚理解，為什麼人要謹慎嗎？而什麼事情都謹慎小心，步步為營，真的比為所欲為好嗎？

我有一個朋友阿德，他三十多歲了，從小到大一直是家人、朋友心目中那個做事謹慎、負責任的好人。但他的心底其實一直有個疑問：「為什麼我認為凡事都需要謹慎？」

他的謹慎，表現在每一件事上。甚至連我問他：「如果要你在『事事謹慎是好的，還是不好的』兩者中選一個，你會選哪一個？」這時，他也說要想一想……

阿德最後說，他覺得謹慎有好有壞。好處是想得比較周到，接下來做事比較方便；壞處則是一開始礙手礙腳的，顧慮東顧慮西。所以要看狀況。

「看什麼狀況呢？」我問。

「時間多的時候就謹慎點，時間少可以直接一點。」阿德說。

可是難道謹慎的人，都是時間很多的人嗎？時間少的時候，當機立斷做的決定，就一定不謹慎嗎？我懷疑「時間」只是一個藉口，就像大多數人一樣，阿德並不真的曉得為什麼謹慎比較好。

不謹慎的好處，與謹慎的壞處

試著大膽設想，「不謹慎」是否也可能有很大的好處？

阿德（很謹慎地）想了半天，想出了五個不謹慎的好處：

1.速度快。
2.計畫執行時可以完整貫徹意志。
3.突破思考框架而創新。
4.一鼓作氣士氣強。
5.心情愉快。

我問阿德，在這五個「不謹慎的好處」當中，有沒有他希望能夠擁有的？阿德說按照程度而言，他希望能夠突破思考框架而創新，執行計畫時可以貫徹自己的意志，而且速度明快。

其實這些「不謹慎的好處」，只要反過來看，就是「謹慎的壞處」。所以阿德沒有說出來的話，是謹慎其實會讓一個人：

1.速度變慢。
2.無法在計畫中完整貫徹意志。
3.難以突破思考框架，無法創新。
4.影響團隊士氣。
5.心情不爽。

阿德並沒有意識到，他認為很好的謹慎習慣，其實跟他會在工作生活當中遇到難以突破思考框架，無法創新、無法在計畫中完整貫徹意志、工作速度變慢的挫折，有著直接的「因果關係」。

你以為的「謹慎」，可能只是「想太多」

不謹慎，真的很不錯啊！我是一個從小被認為「不謹慎」「粗心大意」的小孩，因此大人對我的期望會比較低，所以無論選擇做什麼，壓力都會比較小，心情輕鬆得多。考數學沒有檢查就交卷，大人覺得我本來就是個粗心的孩子。長大後把清潔劑裝在空的礦泉水罐子裡，忘記貼標籤，造成別人的傷害，大家也只是搖搖頭而已，「他又粗心了！」

可是一個謹慎的孩子，如果考數學計算對，只是答案抄錯，大人就會說「他失常啦」！如果用清潔劑裝在水瓶裡沒有貼標籤，人們會懷疑搞不好是要蓄意害人，因為他「不可能那麼不小心」。

所以一個謹慎的人，背負著別人對自己、還有自己對自己很高的期望，這樣的人是不可能快樂的。這比不能創新、做事速度不夠快，要更嚴重得多。

因為阿德以為的「謹慎」，並不是真正的謹慎。所謂謹慎就是「比較全面性的考量」，其實只是「想太多」而已。因為真正的「謹慎」，是小心確認在計畫中有完整貫徹意志，小心確認自己能夠突破思考框架、創新，小心確認計畫的速度，不能因為本來就不可能達成的「人和」假象而變慢，或影響團隊士氣，或讓自己心情不爽。那才是謹慎，不是嗎？跟時間多、時間少，其實沒什麼關係。

想太多的代價是很高的，每一個大人應該都知道。

我為什麼不能想做什麼就做什麼？

中文版「小小哲學家」系列是奧斯卡在台灣愛米粒出版的兒童哲學套書，這四本繪本當中，有一本叫做《我為什麼不能想做什麼就做什麼？》用說故事的方式，幫助父母跟孩子，一起去思考其中真正的意義。書裡面的主角是一個叫做樂樂、愛問問題的孩子，到處去問每一個他遇到的人或物「我為什麼不能想做什麼就做什麼？」

爺爺一開始的回答，認為樂樂與其想這種沒用的問題，不如忘掉問題去玩，這個回答代表一般的大人，往往認為思考是自尋煩惱、是不重要的。但只要不去想，問題真的就不會來找我們嗎？

「問到……」時並沒有直接回答樂樂的問題，而是要樂樂趕快做決定，到底要進來，還是出去？不能只是站在那裡猶豫不決。很多人因為謹慎，所以面對抉擇的時候，總是站在門前躊躇不已，無法做出決定。但做不出任何決定的結果，往往比做出錯誤決定更糟糕。因為無論決定要進門還是出去，之後都還可以改變主意，然而什麼決定都做不出來，卻沒有任何好處。

故事裡的大樹，則認為自己被限制住，哪裡都去不了，什麼決定都不能做，因此很不快樂。但大樹想做的事情，真的什麼都不能做嗎？還是大樹只想做它不可能做的事情，因為它所憧憬的東西都「在外面」？

就像《莊子》首篇的〈逍遙遊〉「北冥有魚」前言說的，「鳥兒的蟲子，在外面。大鵬的夢土，在外面。」鳳凰的枝頭，也在外面。大樹應該想著要像小鳥那樣飛翔，才叫做「想做什麼、就做什麼」嗎？如果大樹能夠心平氣和接受不能改變的限制的話，會做什麼想做的事？人應該一生充滿對「外面」的憧憬，被「外面」誘惑嗎？無論是出國旅行、愛情、功名利祿，不也通通「在外面」嗎？

你是一棵樹，還是一隻鳥？

實際上，奧斯卡雖然來自法國，卻時常會舉《莊子》裡的這個故事：

惠子謂莊子曰：「吾有大樹，人謂之樗。其大本擁腫而不中繩墨，其小枝卷曲而不中規矩，立之塗，匠者不顧。今子之言，大而無用，眾所同去也。」

莊子曰：「子獨不見狸狌乎？卑身而伏，以候敖者，東西跳梁，不辟高下，中於機辟，死於罔罟。今夫斄牛，其大若垂天之雲，此能為大矣，而不能執鼠。今子有大樹，患其無用，何不樹之於無何有之鄉，廣莫之野，彷徨乎無為其側，逍遙乎寢臥其下？不夭斤斧，物無害者，無所可用，安所困苦哉！」

意思是說，惠子對莊子說：「我有一棵大樹，人家都叫它臭椿樹。它的樹幹臃腫而不合墨線，它的小枝彎曲而不合規矩，長在路邊，木匠也不會留意。（這樹就像）現在你的言論，大而無用，大家都會離棄啊。」

但是莊子回答說：「你難道沒見過野貓和黃鼠狼嗎？牠們卑伏身子，等待出遊的小動物；東跳西躍，不避高低，往往踏中機關，死於網中。再看看那犛牛，身體大得像天邊的雲，牠本領很大，但卻連捕鼠也不能。現在你有這麼一棵大樹，還愁它沒有用處，為何不把它種在寬曠無人的鄉間、廣闊無邊的原野，寫意無憂地在樹旁閒逛，優游自得地在樹下躺臥？它不會受斧頭砍伐，又沒有東西來毀害它，沒有用處，又有什麼困苦呢？」

然後，奧斯卡會問：「變成樹跟鳥你們喜歡哪一個？」

在這本故事書裡說的貓，想要像鳥一樣飛翔，但是貓當然不可能是鳥，就像莊子的故事裡，樹不可能變成鳥。所以如果認為想做什麼、就能做什麼，意味著要變成不是自己的人，這不會是真正的快樂。

然而，無論我們決定自己像一隻鳥，還是像一棵樹，不正是「想做什麼，就可以做什麼」嗎？不需要別人的同意，也不會因為我們是人，所以不能想像自己像樹、或像鳥。這些決定，都在「裡面」，而不在「外面」。

限制與自由

鞦韆跟大樹恰恰相反，以為自己很自由，想做什麼就做什麼，卻忘了自己其實只是不斷反覆做著同樣的動作，而且需要外力才能推動。我們是不是也容易因為一廂情願，犯了忽略現實的毛病呢？

落葉則認為自己沒有任何能力做決定，「風兒把我吹到哪裡，我就去哪裡。」但不能改變限制，難道就不能知道自己的想法嗎？著名的英國物理學家與宇宙學家史蒂芬・霍金（Stephen Hawking），他肢體的癱瘓顯然並沒有阻止他對於宇宙與黑洞的了解。

小草認為自己現在還小，所以不能想做什麼就做什麼，但是長大以後就可以了。這就像很多永遠把一切冀望於未來的人，認為自己現在什麼都做不到，以後或許可以，卻會終其一生都這麼想，除了等待之外，什麼都沒做。

樂樂在遊樂場遇到的旋轉椅，提出一個有趣的觀點，認為為別人服務、帶給別人快樂，比做自己想做的事、讓自己得到快樂更重要。所以追求自己的快樂，是否一定比較有價值呢？

長椅很乖，也因此什麼都沒做，只是一直定在原處。但這樣的人生，值得過嗎？

告示牌總是宣布規矩，要大家遵守，但終其一生只按照別人定下的規矩過活，是不是比什麼都不做的長椅，更加糟糕呢？

小魚跟告示牌相反，想要違反媽媽的規定，離開水去冒險，但忽略規定存在的必要（小魚一旦離水就會死翹翹），就像故意不理會交通號誌，能算是自由嗎？聽從規定，不去做想做的事，是不是一種對別人、對自己的保護呢？

奧斯卡曾經給過學生一個有趣的題目，「限制可以帶來自由嗎？」這個題目乍看之下，完全沒有道理，但是仔細從這些不同的角度來分析之後，才發現有時候限制不但不見得會限制自由，反而會帶來自由。所以，「謹慎」從來就不是為了勉強去做自己不想做的事，而「不謹慎」也不是打破所有規則，想做什麼、就做什麼，不知道「謹慎的壞處」的人，就像不知道「不謹慎的好處」的人，其實都只看懂了一半。

實踐篇 ②

學習享受問題，而不是解決問題

——尋找適合自己的思考方式

自己思考過後找到的答案，往往跟自己有關，不用跟社會有關……這個屬於自己的答案，當然比別人給的更特別、更好。

想要繼續學，先學會拒絕

奧斯卡是一個完全不注重物質享受的學者，他說自己每次出國穿的那雙藍色Armani球鞋，是這輩子擁有過唯一的一雙名牌鞋。在跟隨他工作的過程中，我發現學生都不敢跟他提錢的事，如果出國，需要的機票、住宿都得自掏腰包，除此之外，每天工作前要去住處接他，工作中要準備他指定的茶點，工作後還要請他吃飯，再送他回住處。奧斯卡討厭搭車，喜歡走路，這也是他每天的運動方式，無論多遠都堅持要用走的。我記得有一回在上海，我們每天早上七點出門，晚上十二點鐘最後一場諮商結束後，還要走一個多小時回我自己訂的廉價小旅館，當時我覺得自己瀕臨破產跟爆肝邊緣！

雖然知道奧斯卡不會付我錢，但我還是很開心，因為能夠跟著哲學大師在旁邊當徒弟。奧斯卡把哲學當作生命唯一重要的事，每天對我來說都有很多的學習。不過我不明白的是，一個生活上這麼不講求物質享受的人，為什麼對於金錢卻如此小氣？

後來我慢慢地發現，如果要繼續跟奧斯卡學習下去，就要先學會拒絕——雖然拒絕人對從小臉皮就特薄的我來說，是件很難的事。

「韓國某大學的哲學系要來巴黎一個星期的哲學工作坊，要不要留下來幫我？」

「不要。」我終於鼓起勇氣拒絕。

「不要就算了。」原本覺得不管要求我做什麼，我都會答應的奧斯卡，聽到我斷然拒絕，顯然愣了一下，但旋即若無其事地接受了，讓我大大鬆了一口氣。

那次以後，我就敢跟奧斯卡說不了。

「要不要陪我下個月的中國巡迴行程？」

「不要。」

「要不要開始幫我帶俄羅斯學生的線上哲學工作坊？」

「不要。」

雖然當時我還沒有帶俄國哲學工作坊的經驗，心裡很心動，但我還是拒絕了，因為根據其他學生的慘痛教訓，我知道一旦答應無償工作，以後就難以改變，不如一開始就拒絕。慢慢地，我們的關係也變得比較公平，奧斯卡要我幫他買東西時，起碼會先問我一聲需不需要給我錢（我都說不用），甚至有時候吃飯會主動付帳單。

「哇！你是怎麼辦到讓奧斯卡請我們吃飯的？」有一回工作完吃飯，奧斯卡的烏克蘭學生用充滿崇拜的眼神看著我。

「怎麼？他老人家從來沒請你吃過飯嗎？」我有些詫異地問。

「別說吃飯，我帶著他全俄羅斯跑行程，從三餐到每一趟的地鐵票都是我出的啊！我從來沒見過他主動掏皮夾！」

奧斯卡特立獨行的行事風格，並不是每個人都能夠接受的，所以當他第一次嘗試在中國舉辦一期十堂課的線上工作坊時，才上了第一堂課，就有人氣急敗壞地聲言要退費。這些學費，已經全數交給了奧斯卡，如果要退費的話，也只能由奧斯卡來處理。但奧斯卡竟然無論如何也不願意退還已經進了口袋的學費，雖然也沒多少錢，卻指派了在中國的三位學生，要他們聯手去跟要退費的學員進行辯論，讓這位學員知難而退。結果這個方法不但沒有解決問題，似乎因此引起學員更大的不滿，於是奧斯卡又想加派我去跟這學員斡旋。

「不要。」我毫不猶豫地拒絕了。

不單如此，我還加了一句：「奧斯卡，為什麼不乾脆退費就沒事了呢？」

我忘了他當時是怎麼回答的，但大意是批評我這人太軟弱、害怕衝突之類的，我的白眼簡直就要翻到眼眶背後了！

你需要多少才夠？

我後來慢慢發現，奧斯卡雖然捨不得掏錢，錙銖必較，但並不是一毛不拔，只是他認為要不要付錢的標準，跟常人不一樣。

「前天我老婆要我去超市買東西，當時心裡在想著一個哲學問題，心不在焉，所以在貨架上拿了需要的東西後，就直接走回家了，也沒人攔我。回到家以後，老婆說為什麼她給我買東西的錢，一毛都沒少，我才發現自己沒付錢。」奧斯卡停頓了一下，清清喉嚨，告訴我們他有一個最新的哲學發現。

「我才意識到，原來買東西付錢，只是一種從小養成的習慣而已，而不是必須的。」

他說完，我們幾個原本正襟危坐準備聽他珍貴開示的學生，先是面面相覷，然後差點笑到從椅子上跌下來。這是哪門子的哲學發現！這傢伙根本是不良老年啊！

別忘了，他年輕在加拿大念書時，可是共產黨的活躍分子，馬克思主義的信徒。對於財產分配，或許到現在還是秉持著共產主義共享經濟結合集體主義的政治思想，在他自己的哲學國度裡，建立一個「各盡所能、各取所需」的生產公有制度，進行集體生產，而且沒有階級制度、國家、政府和家庭的社會，應該是他的烏托邦吧！

自從理解奧斯卡認為付錢只是一個習慣，而且被歸類成一個「資本主義的壞習慣」以後，我就知道為什麼他不付錢給我了，他正在努力戒除付錢這個「壞習慣」哪！

雖然這麼說，對有些學生，請他們做事，奧斯卡還是會付錢的，雖然通常付得很少，尤其是在東歐、俄羅斯、中國的大學裡，以哲學研究維生的窮學生，他照顧有加（有趣的是，這些全都是共產國家或是前共產國家），儘管金額不多，但的確能夠讓他們透過哲學的相關工作，在當地基本生活不成問題。

「你需要我給你錢嗎？」奧斯卡有時良心不安的時候會問我一下。

「我不需要。」我總是這麼說。

「很好。」他老人家就會滿意地點點頭。「你有別的方式可以掙錢，所以我不需要給你錢。」

從這個角度來說，既然我真誠地愛哲學，當然繼續盡己所能為哲學付出貢獻，但只要不缺錢，就沒有人需要為我心愛的勞動支付我費用。

所以當奧斯卡要雇用一個人時，他問的是：「你需要多少才能生活？」然後就給對方這個能維生的最小限數字。

當學生要跟奧斯卡學習的時候，他問的是：「你能付得起多少？」然後就讓對方支付這個願付價格的最大限。

奇妙的是，我也逐漸能夠接受奧斯卡這個雖然不合世間人情世故，但符合邏輯原則的金錢觀念，選擇在自己能夠承擔的範圍內，繼續開開心心地盡己之能，為我的哲學老師付出不需要講理，也不冀望任何回報，如果痛苦超過忍受程度時，也能夠面不改色地拒絕，因為我知道這並不會影響我們的師生關係。

重新想想金錢與物質享受的關係

奧斯卡不重視物質享受，但是很重視金錢的矛盾作風，這讓我重新檢視自己跟金錢、物質享受的關係。我是個比較注重生活品質，而不是緊守金錢的人，所以會在自己有能力的程度之內，花錢購買物質享受提升生活品質。但是奧斯卡讓我意識到，對有些人來說，寧可守住金錢，也不要用來購買物質享受。

這樣的思考，讓我看到Eva這個問題時，覺得似曾相識。

「我叫Eva，今年十六歲，我有些疑惑想問，我想知道為什麼有些有錢人，並沒有沉溺在物質享受呢？」

看到這個問題的時候，我第一個想到的人就是奧斯卡！

於是我問自己：「為什麼奧斯卡就算有錢也不會沉溺在物質享受呢？這是不是一個有標準答案的問題？」

通常一個有標準答案的問題，就表示這是「知識領域」的問題。英國的首都是不是在倫敦，屬於「知道就知道、不知道就不知道」的知識，有正確答案，因此答案不是對就是錯。另一種是沒有標準答案的問題，通常問題當中會出現「為什麼」這三個字。因為想知道原因，可以對著問題思考，所以是「思考領域」的問題。

知道Eva提出來的問題，屬於「思考問題」，接下來我有兩個立即的選擇。

選擇之一，是用我的觀點來回答她。但是我必須讓Eva知道，我的答案只是我個人主觀的觀點，而不是正確答案，因為思考問題不會有標準答案。

選擇之二，是我用哲學諮商的方法來引導她，讓Eva試著自己回答自己的問題。這麼做比較麻煩，但是屬於「教Eva釣魚」而不是「給Eva魚吃」。

「奧斯卡會選哪一個呢？」我問自己。

別急著Google，先好好「享受」問題吧！

奧斯卡時常提醒我們，作為一個大人、家長、教育者，常常為了表示自己盡責，或是符合社會的期待，一聽到問題就想要立刻回答，一遇到問題就想要立刻解決。

「但你有沒有想過，一個美好的問題，可以慢慢玩味、思索，是一件多麼棒的事。為什麼要急著消除它呢？」

在任何問題都可以上網問Google大神的時代，看到問題本身有趣的本質，去慢慢玩味、思索一個問題，何嘗不是一種奢侈！

學習去「享受」問題，而不是「解決」問題，聽起來好像很自虐，但仔細想想，其實是很有道理的。它提醒我們可以慢下來，抱著春天賞花，或是到羅浮宮欣賞畫作的心態，用理性去探索問題豐富的紋理跟層次，慢慢學會「喜歡」問題，就像學會欣賞藝術品一樣，不再總是把問題當作討厭的絆腳石，而是沿途充滿趣味的風景。

既然人生在世，總會遭逢各式各樣的問題，至死方休，與其總是被自己或是別人的問題惱怒，為什麼不學著去愛上問題、欣賞問題呢？

我好像可以慢慢看出奧斯卡的用心。

釐清問題：「有錢」跟「沉溺物質享受」一樣嗎？

於是，我選擇了第二條路，使用哲學諮商的方法來引導Eva試著自己回答問題。

「妳可以想一想，會沉溺在物質享受這件事，跟有沒有錢比較有關係？還是跟個性比較有關係？」

我這麼做，是邀請Eva去思考「錢」跟「物質享受」之間，有沒有必然的「因果關係」，並且做出選擇。

如果有因果關係的話，那麼人只要有錢，就必然會沉溺在物質享受中。

如果不是這樣的話，就表示這兩件事沒有因果關係，Eva只是被自己的觀察誤導了，卻不知道錯在哪裡？

「我覺得是個性，可是有點難理解。」Eva回答。

通常，隨著生活經驗的豐富，我們對問題會產生直覺，「嗯，應該是這樣子的吧？」或是「應該不對喔！」卻不一定能清楚解釋為什麼。

十六歲的Eva，對事情多少有些不錯的直覺，但是說不出為什麼，就像大多數青少年一樣。

所以我可以扮演的角色，不是幫Eva回答，而是幫助她進行「釐清」的工作。就像種植的時候，敲鬆表面堅硬的土壤，讓種子可以生根，「深化」到土壤底下去探索問題的本質。

我的「釐清」是這樣的：

「既然是個性，所以喜歡物質享受的人，不管有沒有錢，都會沉浸在物質享受中；反之，不喜歡物質享受的人，不管有沒有錢，都不會沉浸在物質享受中。這樣可以理解嗎？」

因為是「釐清」，我沒有加入任何自己的主觀意見，只是用清楚的邏輯，幫助Eva思考的細根，知道如何往下去找到水源。

你習慣接受答案，還是更進一步思考？

「懂了！」Eva有些開心地說，「那要怎麼做才不會變成『物質享受的奴隸』呢？」

Eva的回覆，讓我看到她在傳統教育方式下，太習慣當一個事事問「大人」的「好孩子」，所以並沒有想著別人的說法，是不是有不對、或是不合理的地方。換句話說，她輕易地接受我的解釋，直接當成「答案」，所以就沒有去「深化」的必要了。

如果要「深化」的話，Eva可能就會在生活當中，找到活生生的反例。比如說一個沒錢的時候不喜歡物質享受的人，一旦有錢以後，卻變得追求物質享受了，而進一步問：「難道人的個性不會改變嗎？」這類的問題，也就是所謂的「批判性思考」（critical thinking）。

而且她還不知道要如何去享受問題，才會一旦知道「為什麼」（why），接著就立即想要趕快「如何」（how）解決問題，因為問題在Eva的心目中，只是花園裡需要趕快拔除的雜草。

看來我要用一點技巧，來刺激Eva這個頭腦懶惰成性的乖寶寶，開始思考。

尋找適合自己的思考方法

「賦權」（empowerment）在近年來變成一個被濫用的詞，但實際上並沒有很多人知道該怎麼做，才有辦法讓另外一個人決定為自己的言行負責。

奧斯卡最常使用的方法，其實非常有效：

「你如果這麼想知道這個問題的答案，那麼請你試著回答，讓我聽聽看？」

因為Eva作為一個青少年，可能總是被「大人」認為想法不成熟，觀點不夠社會化，久而久之，就不相信自己的想法其實有可能是很好的。一旦得到一些適當的鼓勵，說不定就可以把自己的想法，勇敢地表達出來。

果然，Eva對於「要怎麼做才不會變成『物質享受的奴隸』呢？」這問題是有很多想法的。

「我想『物質享受的奴隸』買的東西不一定真的喜歡，有些應該只是為了滿足感跟虛榮心，有點像暴飲暴食，過後可能後悔，但因為空虛感並沒有因此平復，所以會一再復發，形成一個惡性循環。

「相反地，會不那麼在乎物質享樂的人，是因為擁有較健康的價值觀，比起物質更喜歡追求精神、情感等等，我們看到『快樂』的人通常比較屬於這種，如果有人很注重生活品質（衣服、家具、3C產品……），只要不負債，我覺得是OK的。這樣說來，不當個物質的奴隸，某方面難，某方面容易。

「可是我又發現一件事：要不當物質的奴隸，就需追求其他事。若有一個人做的工作並非他真心喜歡，只是為了養家餬口，工作完累得不得了，少有空閒時間（大部分都在補眠），那他可以追求什麼呢？

「在春秋時代，顏回一簞食，一瓢飲，在陋巷，也不改其樂，但這樣的人畢竟只是少數。到了現代，為什麼還是那麼多人，工作時無法樂在其中？為了養家餬口而做不喜歡的工作時，只能咬牙撐住，沒有機會得到快樂嗎？」

Eva雖然有「很多想法」，但是把自己的見解、書上看來的知識、社會上得到的價值觀，通通都混在一起了，所以顯得很混亂。

這解釋了為什麼，她會覺得「問大人」比較「快」，因為她無法區分哪些想法是有相關性的，哪些是不相關的，哪些是她自己的，哪些是承襲大眾的成見。

所以我這時候要做的，是提醒Eva，「思考」並不是天馬行空的胡思亂想，而是有嚴謹秩序的。

對自己做近身觀察

我問她要怎麼做才不會變成物質享受的奴隸時，應該為社會上「很多人」回答，還是應該為「自己」回答？

「為自己。」Eva說。

我的反問讓Eva意識到，無論像暴飲暴食那樣沉溺在物欲中的人也好，為了養家餬口每天累得像狗的人也好，甚至一簞食一瓢飲的顏回也好，都不是這個問題的重點，重點是「Eva」要怎麼做，才不會變成物質享受的奴隸呢？

這樣的提醒很重要，因為很多人的無力感，來自於覺得自己很渺小，沒有改變社會、改變世界的能力，卻忘了想要解決困擾自己很久的問題，其實根本不需要先解決社會觀感，或是全世界的問題。

Eva重新回答的答案是這樣的：「如果會想買很多衣服，是因為買的衣服有些不是最喜歡的。比如媽媽說要節儉，所以買了比較便宜的，但是沒有那麼喜歡。」

當我們把問題拉到個人的現實生活場景，就可以看到，這跟顏回一簞食一瓢飲居陋室的崇高人格，一點關係都沒有，青少年對物質享受的問題，其實是很實際的。

「那解決方法是什麼？」我問。

「衣服只買最合身、最喜歡的——當然前提是我要有自己的收入。其他東西，在意就買喜歡的，不在意就選個CP值高的吧！

「想完這些，發現東西就只是東西，錢也只是工具，追求我最有興趣的才是最重要的，也才會讓我感到最快樂。」

「這樣想，我應該不會變成物質生活的奴隸，在基本需求滿足的前提下，即使我還是愛錢，但錢的多寡已經沒什麼關係了，因為錢不是最重要的。」

我很開心Eva可以透過思考，再對自己近身觀察，梳理了自己跟金錢應該要有的關係，也很安心地理解到自己應該不會變成物質生活的奴隸。

「思考」要透過不斷練習，養成習慣

作為結論，我提醒Eva：

「妳有沒有發現兩件事呢？

「第一件事：妳自己回答了一開始問我的問題。思考就是這樣很棒的工具，當妳知道怎麼使用它時，答案不需要問別人，其實妳都已經知道了。

「第二件事：妳有沒有發現『愛錢』，只會讓人變成『金錢的奴隸』，不會變成『物質享受的奴隸』？這是兩件不同的事。」

Eva說她不但有發現，而且很喜歡我們的思考練習，因為和以往想像中的「思考」都不一樣，真是太棒了！

我衷心祝福Eva接受過思考的引導之後，未來能夠使用我們對話學到的思考方法，幫助自己思考問題、回答問題。

自己思考過後找到的答案，往往跟自己有關，不用跟社會有關，不用跟媽媽有關，也不用跟顏回有關。因此這個屬於自己的答案，當然比別人給的更特別、更好。

這就是思考的快樂。

實踐篇 ③

人生輸贏的競賽心理

不需要有勝負，也不可能有勝負。
因為人生的本質並不是競賽。

對我的哲學老師「信心喊話」

自從接觸「哲學諮商」後，驚為天人！於是抱著「呷好道相報」的想法，把「哲學諮商師」的認證訓練課程引進到台灣，希望讓跟我一樣有興趣學習這門學問的人，可以不用千里迢迢去法國，在台灣用中文也能學習。

三個月認證課程開始的第一天，奧斯卡臉色有點難看：

「我隨便抽問學生，為什麼他們會想來上這一門課？結果竟然十個有八個都說，因為他們是你的讀者，因為喜歡你、信任你，所以才來，他們並不是因為我，也不是因為喜歡哲學才來的！」

當場我聽了有些尷尬。看到奧斯卡有些喪氣的樣子，也覺得不忍心。為了化解他的心結，我馬上說：

「他們是怎麼來的、為什麼來，真的重要嗎？他們還沒有開始學習思考啊！所以就算做非理性的選擇，也很合理，不是嗎？重要的是他們不管因為什麼原因，走進了哲學的大門以後，變成真心喜歡思考的人，想在生活當中實踐哲學的人，那才是重要的啊！」

經過這樣的信心喊話，奧斯卡的臉上像小男孩那樣露出開心的笑容，讓我解除了第一道難關。

三個月的密集課程，很快就在忙碌跟燒腦之中結束了。但是不意外的是，考試的結果經過幾個月跨洋的反覆推敲討論，結論是全軍覆沒，沒有任何一個人在受訓後達到奧斯卡的標準。

這個壞消息對於滿心期待的學生來說，自然是一個晴天霹靂。但有趣的是，我看到這些從各個專門領域前來學習哲學諮商的人，在學習的過程當中，自然而然分成了四派。

第一派是因為缺乏成就感，而先後放棄的人，這些人揮一揮衣袖，不帶走一片雲彩，有的課還沒上完，就用各種奇怪的藉口人間蒸發消失了，像是家裡的狗很老，不能沒有人陪之類的。

第二派則是決定上完課結業之後，突然成為一隻頭埋在沙裡的鴕鳥，不參加認證考試，寧可不要知道自己的程度，免得傷心。

第三派是杜鵑泣血型，知道自己沒有通過之後，一直到處發出悲鳴問為什麼！為什麼！為什麼！嘴巴啼得流血，滴滴鮮血灑在大地，染紅了漫山的杜鵑花。弄到奧斯卡很煩躁，跑來向我抱怨：「這些人是怎樣！一直問一直問！沒通過就是程度不夠，連這個都搞不清楚還要問為什麼的人，真的有學到邏輯嗎？」

「老師，那你有回覆他們嗎？」我問。

「當然沒有！」奧斯卡理直氣壯地說。

「有沒有可能是你沒回覆，所以他們一直問呢？」我頂了一句。

然後我就被奧斯卡敲頭了。

除了想學「思考」，沒有其他的目的

但我要說的重點是第四派，姑且稱為越冷越開花的梅花型。他們從學習過程中，對於思考的興趣大爆發，也從認證考試的挫折中意識到自己在邏輯思考方面的基本功夫不夠扎實。於是共同在臉書上組成了一個叫做「很有事工作室」的共學團體（梅花陣？）然後商請我作為引導員（facilitator），在下班以後的時間，每兩週針對一個哲學能力的主題來上課，因為我可以用中文直接帶領，學習起來可能比需要翻譯的英文課程，吸收得更好。這套有機原生的小課程，我們暱稱為「哲學蹲馬步」，就像學習武術的人一樣，從頭開始練基本功（是不是很可愛！）讓人最感動的是，這樣的共學課程，還真的持續了超過一整年的時間，除了想學習「思考」之外，沒有任何其他的目的，也沒有褒貶時事，尋找同溫層，或是聯誼交友的用處，簡直是冰清玉潔！

結果有一天，奧斯卡突然找我興師問罪：

「聽說你搶我學生！」

「啊？」我丈二金剛摸不著頭腦。

「我雖然不懂中文，但是有人告訴我，你在開課教我的東西！」

又來了！我心裡當時的第一反應是：「肯定是跟奧斯卡告狀說我在書裡形容他是搶走禮物的聖誕老人同一個討厭鬼！（喘）」

但是現在，拜臉皮超厚的奧斯卡為師多年，我再也不是那個臉皮很薄、怕衝突的膽小鬼了！於是臉不紅氣不喘地說：

「老師，您錯了，我哪敢跟您搶學生？我這是在為您打基礎啊！如果這些人因為認證班中箭落馬，從此失去興趣不學了，下次您來台灣傳道授業解惑時，不就少了一批鐵粉嗎？」

奧斯卡一聽，臉上再度像小男孩那樣露出開心的笑容，讓我又解除一道難關。笑逐顏開的奧斯卡立刻轉變話題。

雖然我用的是開玩笑的口吻，但我確實是真心的。我懂的一切思考技巧，都是從他身上學習的，未來也還有很長的路要走，還有好多的東西想要跟他學，我壓根兒就沒想要在任何方面，跟我的老師有競爭的關係，這是我希望時間可以證明的。

但是果不其然，這些學生不久以後，就收到來自奧斯卡的線上工作坊招生通知，而且想要上的內容跟我上的差不多，唯一的區別是學費的部分，他寫「看你能付得起多少，就付多少」！我看到轉來的訊息，忍不住大笑，奧斯卡爺爺，您又來了！用這價格不透明的招數，沒錢的人不好意思報，有錢的人不敢報，這樣子肯定沒有人敢報名吧？

人生為什麼要有輸贏？

當我一開始發現奧斯卡即使是哲學大師，不但會跟學生競爭，充滿不安全感，甚至也有嫉妒的情緒時，坦白說讓我很困惑。

在我心目中，奧斯卡是我的哲學啟蒙師，術業有專攻，在學習思考的過程中，因為看見自己的不足而滿心歡喜，因為發現自己可以進步的空間還很大，可以學的東西還很多，有趣極了！可是他如果這麼懂得邏輯思考，卻還是會被這些情緒所困擾，那麼哲學真的有用嗎？

我想了很久，奧斯卡除了是哲學家，同時也是居於法國主流社會中的白人男性，一個學術領域的權威，是一個有力量的人，英文裡面常用「alpha male」（阿爾法男性）來形容這種人。所以讓奧斯卡忍不住把身邊的人，一起拖進勝負輸贏的角力場的，並不是那個哲學家，而是好勝心的法國人。

「人生為什麼要有輸贏？」所以當邦邦到了哲學諮商室，無奈地嘆了一口氣，問出這個問題時，我立刻知道這是一個假問題。

邦邦會這麼問，一定是因為他跟奧斯卡一樣，相信人生比賽有輸贏，就像考試有輸贏，球賽有輸贏那樣。

而且，邦邦應該也跟奧斯卡一樣，是個討厭「輸」的人。因為輸讓人覺得無奈，甚至對競賽的本質產生反感。

這是我立刻可以看到的兩個預設立場（presuppositions）。

但我立刻發現這個問題本身，其實是「有問題的」。想想我們喜歡的運動比賽，如果有輸贏會是一個問題嗎？

在體育裡，運動跟比賽是分開的。運動不需要有輸贏，但是運動比賽需要。

在學校裡，學習跟考試也是分開的。學習不需要有輸贏，但考試作為一種評量的標準，自然就會有輸贏。

至於人生，不需要有勝負，也不可能有勝負。因為人生的本質並不是競賽。以為人生是競賽的人，說得出人生是在比什麼嗎？比誰氣長活得久？比誰死的時候留下的錢多？比誰得到「善終」？比誰娶得美嬌娘、嫁給金龜婿？比誰贏得選舉（無論是小學班長還是高雄市長、美國總統）？

聽起來很無聊吧？因為「贏」的人並沒有得到除了「死」之外的結果，「輸」的人，最終也不會有不同的結果。也就是說，在人生裡所有我們自以為的勝利，其實都沒有獎賞。

這是我透過「問題化」（problematization）去檢查，發現邦邦問的這個問題，其實很輕易就會被推翻，所以才會立刻做出「邦邦問的是假問題」這個推論。

四種運動與四種不同的力量

所以，邦邦真正想說，但沒有說的是什麼呢？如果人生其實沒有輸贏，我們在說「人生勝利組」跟「敗犬」的時候，若我們真正在乎的不是輸贏，那在乎什麼？

我想到郝明義在《工作DNA》裡，提到他愛看四種運動競賽：足球、籃球、棒球、高爾夫。四種競賽，比的是四種不同的力量。

他說四種競賽的本質，足球，是比想像力。足球場不比籃球場，那麼大一片面積，不論是場上的球員還是場邊的教練，都不像籃球那麼好掌握情況。教練要如何更換球員，球員如何在幾十次的傳球中決定踢進的剎那，都是想像力的具體化身，一場沒有想像力的足球，贏了多少場都不是足球。

至於籃球，是比進攻力。不但比全場的進攻力，更比最後關頭的進攻力。

棒球，則是比堅持力。棒球比賽，玩的是你的球隊落後十分到九局下半二人出局後，只剩下你最後一名球員進攻，球數又停在兩好無壞球的時候，你可以對自己微微一笑，告訴自己：「好吧，比賽現在終於要開始了。」

高爾夫則是比誰犯的失誤少。因為十八個洞，每一個人每一洞四桿，共七十二桿標準桿。每一洞誰能用少於四桿，十八個洞誰能用比七十二桿少得多的桿數打完，誰就是勝利者。這是一種自己與自己的對話。不論別人表現如何，每一洞你都只求全力把自己最好的成績表現出來。

因為運動透過比賽的形式，衡量競賽者的「想像力」「進攻力」「堅持力」「失誤率」，這種型式不但不讓人討厭，甚至讓人喜歡，樂此不疲。所以說只要有比賽就是讓人討厭的說法，並不公平。一場不需要想像力的足球賽，不需要進攻力的籃球賽，不需要堅持力的棒球賽，不在乎失誤的高爾夫球賽，就不「好玩」了，而運動是一件好玩的事。

討厭輸贏的人，其實討厭的是「虛榮」？

如果輸贏是運動比賽必然會有的結果，那麼贏的人跟輸的人，應該如何看待無法避免的輸贏呢？

運動競賽有輸贏，有什麼不對嗎？

沒有。

就算不喜歡輸的人，也喜歡運動競賽有輸有贏——就算自己是輸的那一方，也還是喜歡。

所以有輸贏本身，不是問題。邦邦經過再度思考以後，說他真正不喜歡的，是贏的人驕傲的樣子。邦邦說他喜歡「勝不驕、敗不餒」的人。

所以，「驕傲」真的很不好嗎？

對於勝利，古羅馬時代南義大利的哲人賀拉斯留下一句值得玩味的話：「你必須強迫自己接受應有的驕傲。」拒絕勝利的結果，並不會讓人成為更好的運動員。

勝利就跟失敗一樣，其實本身並沒有錯，甚至因為勝利而驕傲，也沒有錯。叔本華在一八五一年出版了《附錄與補遺》（Parerga und Paralipomena），這套書使得叔本華聲名遠揚，其中第一卷中的「人生智慧錄」更是得到了諸如托瑪斯曼、托爾斯泰等人的推崇。這本書的第四章裡，說明「驕傲」就是「確信自己擁有某一方面的突出價值」，所以競賽的勝利，就證明了這個突出價值。

我們討厭的，其實不是「驕傲」，而是「虛榮」。跟驕傲不同，虛榮是「盡力要讓別人確信自己擁有某一方面的突出價值，而且通過喚起別人的確信，能夠使自己真的擁有這一份確信」。

「驕傲」是發自內在的、直接的自我敬重；而「虛榮」則是從外在、間接地努力試圖獲得自我敬重。

與其說邦邦討厭勝利驕傲的人，不如說他討厭的是藉由勝利得到虛榮的人。

民族優越感，就是一種虛榮

最常見的一種虛榮，就是民族的優越感。

無論認為亞利安人最優秀，或中國人最優秀，都不可能是事實，只是一種虛榮心，廉價而愚蠢。

我們從日常的觀察中就可以很容易發現，一個不斷強調自己的民族多麼優秀的人，這個人的生命中，一定缺乏能夠引以為豪的素質，在這世上沒有一樣自己能為之感到驕傲的東西，無論是很會踢足球，還是仁慈寬大。如果情況不是這樣，他就不會死命去抓住自己所屬的民族——那個他和無數百萬人所共有的東西，當作是自己的優點而引以為榮。

至於取笑別的民族的人，不但是對自己的民族沒有自信的人，更是對自己沒有自信的人。

所以我問邦邦的最後一個問題是：「你認為一個會因為『贏』而虛榮的人，是一個常常贏的人，還是很少贏的人？」

邦邦想了一會兒，「應該是很少贏的人。」

「勝不驕、敗不餒」是有自信或常常贏的人，其實挺奢侈的。一個很少贏的人，好不容易贏了一次，就比較可能會虛榮。一個常常贏的人，無論贏了或輸了，應該都不會太過在乎，因為他也是一個有自信的人。

知道了因為贏而虛榮的人，其實很少贏，而且沒有自信下次會贏，所以總是吹噓著那幾次屈指可數的勝利，我們可以選擇忽視，也可以決定用憐憫來面對。

我想到早年台灣電視廣告上，一個中年人志得意滿、興高采烈地說：

「阿母！我出運了！」

現在回想起來，他當然就是在人生當中很少贏的人。

從小聰明絕頂，自負而孤單的奧斯卡，應該也是在現實人生中，很少贏的人。

如果能用悲憫來面對虛榮的人，我會選擇閉上自己的嘴，讓他享用人生中那輝煌的十五分鐘。對於因為失敗而氣餒的人，我會給予安慰，但也只是需要安慰一下下，不用太久，像在球場上看到的隊友之間的互相打氣，其實就夠了。

實踐篇④

被迫一個字一個字翻譯《莊子》

——回到語言的原點，打破理所當然

我不要你詮釋過的翻譯！

我不要你詮釋過的翻譯！

我不要你詮釋過的翻譯！

找遍市面上翻譯《莊子》的版本

有那麼一段時間，奧斯卡迷上了《莊子》。

奧斯卡是這樣的，如果他迷上了一件事，一個人，一本書，一個理論，他就會放下手邊所有正在做的事，產生無比的熱情，茶不思飯不想地潛心研究，直到貫徹精通為止。等到通通消化殆盡，打一個飽嗝，把骨頭吐出來，然後轉移到下一個目標。

但是奧斯卡不懂中文，所以要讀懂《莊子》，似乎有點困難。

於是奧斯卡鋪下天羅地網，要他所有懂中文的學生，都去蒐集《莊子》各式各樣的翻譯版本，就連童書版、漫畫版也不放過。

同時，找了他的學生小米，幫他推薦英文翻譯版本。小米過去在美國留學，後來在一家中文的雜誌社擔任總編輯，想必中英文都很不錯。小米那段時間工作很忙，對《莊子》也沒特別研究，所以上網找來找去，最後推薦了林語堂的版本。在中文世界裡一提到林語堂，都會認為他是大名鼎鼎的權威，他是聖約翰大學英文學士、美國哈佛大學比較文學碩士、德國萊比錫大學語言學博士，曾任北京大學英文系教授、廈門大學文學院院長、南洋大學首位校長。最後定居香港時，任香港中文大學研究教授、聯合國教科文組織美術與文學主任、國際筆會副會長等職，一九四〇年和一九五〇年甚至還兩度獲得諾貝爾文學獎的提名。

結果兩天之後，奧斯卡暴跳如雷，說這個翻譯一定有很大的問題！

「莊子是個哲學家，不可能說出這種不合邏輯的話！」

小米對於奧斯卡的反應著實嚇了一跳，趕緊翻出奧斯卡指出的那一段，跟原文對照之下，這個林語堂的翻譯果然很有事！但是幾十年來，似乎沒有人對大師的翻譯質疑過（也有可能沒人認真讀過），奧斯卡恐怕是第一個！

這下好了，連被提名諾貝爾文學獎的大師，都中箭落馬，其他人的翻譯，就更不用說了。

奧斯卡這時為了治本，竟然派他的烏克蘭手下愛將，開始學中文。

不過奧斯卡爺爺也太天真了，從開始學中文，到可以精讀《莊子》，豈是一年半載可以做到的事？而且如果奧斯卡這麼想讀原文，為什麼不是自己去學中文，而是派他的學生去學中文？

（「因為我很懶。」奧斯卡後來給我的解釋是這樣的。）

所以這個燙手山芋，踢來踢去，最後就踢到了我這邊。

奧斯卡沒頭沒腦地說：「你幫我翻餛飩。」

「啊？」我丈二金剛摸不著頭腦。

「餛飩！餛飩！你不懂嗎？」奧斯卡急了，「你們這些懂中文的人，身在福中不知福，明明看得懂《莊子》，但是我問誰有讀過，竟然都沒有人真正讀過！」

我翻了一下白眼，「《莊子》沒有在講餛飩的啦！你被騙了。」

他很生氣地翻出一段英文版，指給我看：「就是這個！怎麼會沒有！但是這個人翻得太爛了！」

我看到標題是Chaos（混亂），又往下看了幾行，我皺著眉頭想了兩分鐘之後，突然恍然大悟，忍不住大笑起來，原來奧斯卡說的是「渾沌」，不是我們吃的「餛飩」！

竟然可以這樣翻譯……

《莊子》〈應帝王〉裡面這一篇原文是：

南海之帝爲儵，北海之帝爲忽，中央之帝爲渾沌。儵與忽時相與遇於渾沌之地，渾沌待之甚善。

儵與忽謀報渾沌之德，曰：

「人皆有七竅，以視聽食息，此獨無有，嘗試鑿之。」

日鑿一竅，七日而渾沌死。

白話文的意思大致上是南海住著一位叫做「儵」的大老爺，北海住著一個叫「忽」的大老爺，中央的大老爺則是本篇的個案「渾沌」。儵和忽總是來來去去的很忙碌，有一天在中央相遇了，渾沌很熱心地招待他們倆。儵與忽為了想要答謝渾沌的款待，想到一個方法，「人不是都有七竅嗎？能聽能看能吃東西和呼吸，就只有這可憐的渾沌沒有，那我們來幫渾沌鑿七竅好了！」於是他們倆每天幫渾沌鑿一竅，七日之後，渾沌就死了。

這是什麼鬼故事！我按照自己的理解，唱作俱佳地翻譯了一遍，奧斯卡抽著他的招牌小雪茄，斜著眼充滿睥睨地說：

「我不要你詮釋過的翻譯！我要的翻譯，是一個字、一個字的翻譯，你不要幫我翻句子，你只要告訴我每一個字是什麼意思，我就可以自己讀了！」

我不要你詮釋過的翻譯！

我不要你詮釋過的翻譯！

我不要你詮釋過的翻譯！

這句話聽在我耳中刺耳極了！一個中文作家，好心幫法國哲學家翻譯，竟然遭到嫌棄，而言下之意是我的詮釋有問題！

雖然理智差一點就斷線，但我決定還是應該信任奧斯卡，於是深呼吸，耐著性子，按照奧斯卡的要求逐字翻譯，變成了這樣：

南（South）海（Sea）之（of）帝（Emperor）爲（is）儵（SHU – literally 'rapid'），北（North）海（Sea）之（of）帝（Emperor）爲（is）忽（HU – literally 'sudden'），中（Middle）央（Center）之（of）帝（Emperor）爲（is）渾沌（Huntun; literally "muddled confusion", is both a "legendary faceless being" in Chinese mythology and the "primordial and central chaos" in Chinese cosmogony, comparable with the World egg）。

儵（SHU）與（and）忽（HU）時（at times）相（mutual）與（towards）遇（meet）於（at）渾沌之地（HUNTUN's land），渾沌（HUNTUN）待（treat）之（them）甚（rather）善（kind）。

儵（SHU）與（and）忽（HU）謀（plan）報（pay back）渾沌之（HUNTUN's）德

（virtuous deeds），曰（said）：「人（person）皆（all）有（possess）七（seven）竅（apertures）（seven apertures are the openings of both eyes, both ears, both nostrils, and mouth），以（use for）視（seeing）聽（listening）食（eating）息（breathing），此（this one）獨（only）無（no）有（have），嘗（try）試（test）鑿（dig）之（these ones）。」

日（each day）鑿（dig）一（one）竅（aperture），七（seven）日（day）而（then）渾沌（HUNTUN）死（die）。

邏輯觀念清楚，就可以深入原典

我發現一個字、一個字推敲翻譯，其實比翻譯一個完整的句子更加困難，因為我被逼迫著去解釋我從來沒有想過的詞句裡，要一一拆開解釋的字，像是渾、沌、儵、忽。當我必須慢下來一個字、一個字看的時候，我不能只是用眼睛看，還必須用頭腦思考，它們不只是名字而已，因為儵忽（倏忽）、渾沌分開跟合起來都有不同的意思，為什麼儵在南而忽在北？

渾沌為什麼在中央?還有，我要怎麼跟奧斯卡解釋，渾沌在東方宇宙觀中的狀態，在西方的創世傳說裡面，是不是有相應的概念，讓他能理解，渾沌並不只是混亂?

「拜託!這樣真的看得懂嗎?」我的內心有很大的疑惑。

沒想到，奧斯卡對這樣「不經過解釋的翻譯」非常滿意!從此，他要求我把《莊子》裡面的其他篇章，也按照同樣的方式，一個字、一個字翻譯給他，他也一個字、一個字慢慢推敲。我還記得，光是為了「渾沌」這兩個字跟道家思想裡的「無名」，在邏輯上的連結，我們就討論(有時候是辯論)了將近整整一個禮拜的時間。在這過程當中，也逼迫我更回到語言的原點，去檢查那些我們覺得理所當然的事物，然後有了非常驚奇的新發現。

奧斯卡用事實證明，告訴我即使面對一個完全不懂的語言，只要對文字的要求精確，邏輯觀念清楚，當然可以深入原典，走進兩千五百年前的思想家的腦裡。但是如果被自己心目中的價值觀影響，有意或無意加入了個人的闡釋，無論意境多麼美好，聽起來多麼有道理，其實都是一種誤解。

我很高興，奧斯卡當初沒有相信我的翻譯，我才有機會，透過文字精細的拆解，看到自己的盲點。因此理解思考的時候，要慢下來，當我們願意一個字、一個字來的時候，真相就會像玉石的光華般被琢磨出來。

實踐篇⑤

一個人最重要的「角色扮演」

——拆解貪心的人際關係

很多人為人際關係所苦，因為忘了人際關係不過是角色扮演，既然是扮演，就不是真的。如果上台太入戲卻忘了下台……

從理解問題，到拆解問題

最近哲學諮商室有一個客戶，是位移民國外三十多年的台灣人，她的問題是隨著媽媽、婆婆年紀越來越大，面臨身為女兒、媳婦的角色無法協調的問題，她想透過哲學諮商，知道如何把這兩種角色扮演得更好。

性急的人，可能立刻就會開始給各式各樣的建議了——「妳不可以那麼傻，把婆婆當媽媽！」「婆婆只是把她以前受的氣報復在妳身上……」「妳不是下女，不要以為家事通通要妳做……」這樣的建議，壞的結果是造成已經痛苦不堪的人覺得更加痛苦，因為突然之間，她不只是媳婦，還莫名其妙在名片上被你多印了好幾個傻女、受氣包、下女的身分。至於最好的結果，只是兩個人留在同溫層取暖，仍然沒有解決問題。

但奧斯卡強迫我看《莊子》的時候，每次只看一個字，訓練我學會哲學諮商在面對思考的第一件事，並不是「解決問題」，而是要先「理解問題」，然後「拆解問題」。

慢慢來，不要著急。

就像嬰兒看到一個新玩具，第一件事並不是直接去玩它，往往是先拿在手上把玩，把這個陌生的新玩具從每一個角度都看清楚，它的重量、溫度、觸感、顏色，還有它帶來的感受，都弄清楚了，甚至放到嘴裡去咬咬看，再決定喜歡或是不喜歡，或是要怎麼玩。

對於孩子們來說，世界總是充滿了新奇。

隨著長大，我們變成不耐煩的大人，就漸漸忘記了「把玩」這個非常重要的過程——但是沒有「把玩」，就不能真正「理解」。

如果你擁有過一台反覆怎麼修都修不好的汽車，你就知道「理解問題」，往往比「解決問題」重要。沒有從「車主如何使用這台車開始」去理解的修車技工，就算找到車子的問題，也不可能徹底解決，因為同樣的問題，不久之後還會再度發生。車主一定不會覺得是自己不會開車，只會覺得是技工不會修車。

如果願意慢下來，問題拆解得好，不但能理解真正的問題所在，還有可能讓問題自動變小，甚至不見。

我從小就是那種拿到火柴盒小汽車，會把零件通通拆開來，然後再一點一點組回去的那種小男孩——當然，組不回去，挨大人一頓罵的機率也很高。雖然我不一定會重組，但是我很會拆東西！我建議先放下之後組不回去的恐懼，不用管拆完以後怎麼辦，先開開心心地拆這台火柴盒小汽車吧！

首先，我拆解她對自己身分的理解，看到她形容自己的「身分」有「女兒」跟「媳婦」兩種。

然後，我看到她這兩種身分「不協調」。

而且，我看到她在「扮演」角色。

最後，她想要把這兩個角色扮演得「更好」。

一個人最重要的「身分」是什麼？

任何一個人生活在這個世界上，肯定都有各式各樣的身分，而且會隨著時間跟經驗，身分就像體重的數字，變得越來越多。

人一出生，什麼都不用做，就是一個男孩或女孩，是父母的子女，是兄姊的弟妹，祖父母的孫子（女），外祖父母的外孫子女，舅舅的外甥（女），叔伯的姪子（女）……會有屬於特定種族、國籍、城市社區，甚至宗教信仰的身分，還有胖瘦高矮膚色長相的各種特徵，像剛摘下來的一顆芒果，小小的身體上貼滿了標籤、有機認證、政府標章等。

但是一個人生在這個世界上，最重要的身分是什麼？不應該是「我」嗎？一個會把「女兒」跟「媳婦」當作最重要身分的人，是不是忘記了什麼重要的事？

我在這個世界上，到底是自己的「主體」，還是別人的「附屬品」？

我看見一個把「自己」弄不見了的人。

角色為什麼「不協調」？

「無法協調」的本質，就是有「衝突」。

左右腳無法協調，走路就會跌倒。

左右眼無法協調，看東西就無法聚焦。

同樣地，「女兒」跟「媳婦」兩種角色，一左一右，無法協調，就會造成「我」的困擾。

但是媽媽跟婆婆這兩種存在，跟自己的左右手腳、左右眼耳，是一樣的存在嗎？

每個人左右手力量雖然都多少不平均，但是應該要協調。

每個人的左右耳聽力雖然也都不一樣，但是應該要協調。

然而「女兒」跟「媳婦」的角色，應該要協調嗎？「監察院」跟「行政院」應該要協調嗎？「火」跟「水」，「肉食性動物」跟「草食性動物」應該要取得協調嗎？還是有些角色，不協調才是正常的？讓小紅帽跟大野狼，各自做各自符合天性的事，才是尊重自然的規律，強迫小紅帽凌虐野狼不得好死，其實跟逼野狼當一輩子的小紅帽，一樣殘忍。

想要在女兒、媳婦的角色之間協調，我看見的，是一個缺乏「現實感」的人。

想把角色「扮演」好，錯了嗎？

她用了「扮演」這個詞。但是很抱歉，我必須說出我觀察到的事實：既然是「扮演」，就表示不是真的。

她知道自己是一個台上的演員，演員想要把自己的角色扮演好，這叫做「敬業」。但是演員不是只有活在台上。大多數的時間，演員都在台下，演員都沒有在「扮演」。

當演員沒有在「扮演角色」的時候，他在做什麼？應該是在「做自己」吧！

當演員在「做自己」的時候，他還是在「扮演」自己嗎？

人有辦法一輩子不下台，像二十四小時全年無休的便利商店店員一樣，永遠粉墨登場去「扮演」便利商店店員的角色嗎？應該身心俱疲，很快就被折磨死了吧！便利商店店員之所以能夠把角色扮演好，是因為有上班、下班的區別。但是身為女兒、媳婦，角色扮演「好」的定義，究竟表示妳把自己變成一家二十四小時全年無休的便利商店，還是妳只是一家二十四小時全年無休的便利商店裡，準時上下班的店員？

想要把自己從「店員」變成一家「便利商店」，就是想要否認「人」的本質，把自己變成「功能」。

想要二十四小時全年無休地在媽媽、婆婆之間，一輩子至死方休扮演好女兒跟媳婦的角色，讓我看到一個太入戲的演員，忘了自己只是在「扮演」角色，但這角色卻不可能取代真的「自己」。

想要「更好」，肯定是一種貪心。

因為更好，表示本來就很好了，而不是「不好」。

一個說「我想要成績變得更好」的學生，成績應該本來就好。

至於一個成績真的很不好的學生，他會說「算了，反正我成績本來就不好」，或是「我只想要及格」。就算哪一天太陽打從西邊出來了，他頂多也只會說「我想要成績變好」，絕對不會說「我想要成績變得更好」。

一個想要在女兒、媳婦之間把自己的角色扮演得「更好」的人，是一個本來就好，但是對自己的表現還不滿意，想要更好的人，因為「好」還不夠。

我看見一個「貪心」的人。

迷失在人際關係的自己

很多人為人際關係所苦，因為忘了人際關係不過是角色扮演，既然是扮演，就不是真的。如果上台太入戲卻忘了下台，把自己變成一個角色，無論是好媳婦、好兒女、還是好家長，那麼「自己」在這齣戲裡就不知不覺不見了。一個失去自己的人，當然不可能會是一個快樂的人。

問題拆開以後，我清楚地看到一個「貪心」、而且缺乏「現實感」的演員，忘了自己只是在「扮演」角色，把「自己」弄不見了，讓角色取代了真的「自己」。

還不用開始哲學諮商，其實問題已經變得很小了。不要貪心，看清現實，知道無論上場扮演什麼角色，都要記得下場，下了場就做自己，問題就解決了。

說起來容易，可惜人生不只是一場哲學諮商。但是也沒那麼難，因為人生的問題，確實可以像一個玩具般，只要好好地把玩，端詳一番，「理解問題、拆解問題」。這兩件事做完以後，雖然問題不會消失，但是一定會變小。就像手上的棉花糖一樣，問題的本質，在膨風的魔法消失後，就只是變回那一小杯平凡無奇的砂糖而已。

實踐篇
⑥

拒絕吃火鍋的邏輯原則

——善用「刪去法」知道自己想要什麼

更多時間和空間去嘗試，去迷路，才能知道自己真正想要的。

到餐廳付錢吃飯，為什麼還要自己煮？

奧斯卡是一個時常聲稱自己「吃東西只是為了維生」的法國人，這跟一般人心目中注重美食的法國老饕，簡直是天差地別。

或許這是為什麼，當奧斯卡下定決心要減肥的時候，他可以每天正餐中每餐只吃兩罐淡而無味的鮪魚罐頭，而且半年下來，真的能夠看到成效！除了毅力之外，這很大因素要歸功於他「味蕾的殘障」。

但是如果你是個看到這邊，就以為奧斯卡不重視吃，只要帶他去吃什麼都可以的人，那你就大錯特錯了！

在陪同奧斯卡到海外工作的時候，我時常要扮演張羅食物的角色。比如說我發現他喜歡無糖綠茶，卻討厭珍珠奶茶。他的理由是：

「樹薯粉是料理用的，是主食，放在奶茶裡面，完全不合邏輯。」

有一次，邀請奧斯卡進行哲學工作坊的主辦者，招待他去超豪華的日式海鮮火鍋店，還預定了包廂。沒想到一上桌後，奧斯卡對著滿桌的生鮮皺眉頭，說：

「這是什麼？」

「老師，這是火鍋。」我戰戰兢兢地回答。

「這要怎麼吃？」

於是我拿起小勺子，示範如何將想吃的火鍋料放進湯底，熟了以後拿起來，放進他的碗裡。

我千不該萬不該挑了一隻有頭有尾的蝦子。

「然後呢？」

「然後，就可以剝殼吃。」我耐著性子，覺得奧斯卡肯定不是不知道，而是心底在盤算什麼鬼主意。

「我拒絕吃。」果不其然，奧斯卡當著主人的面，大聲宣布，然後就走到包廂角落的椅子，大剌剌坐下來，拿出他的小雪茄準備要點火。

看到主人驚嚇的眼神，我趕緊衝過去阻止他：

「奧斯卡，餐廳室內是禁止抽菸的。」

「抽菸也不行？那你陪我走回飯店。」奧斯卡說。

「現在？」我覺得非常錯愕，主人也露出很難堪的神情。

「對，就是現在。」說完就起身往門口走去。

「奧斯卡，火鍋是我們的傳統美食，這家海鮮火鍋，尤其出名，很多法國人都慕名而來，卻訂不到座位哪！你要不要吃吃看再說？」尷尬的主人不知道自己做錯了什麼，追上去試著陪笑打圓場。

「很多法國人？」奧斯卡斜著眼睛看主人，好像他說了什麼髒話一樣。「那跟我有什麼關係？不要把我當小孩子！」

主人一時間說不出話來，臉色漲紅，肯定是又驚訝又憤怒，但是強忍著不對這位難搞的哲學大師爆粗口。

你這種舉動明明就是小孩子啊！我在心裡也暗暗頂嘴。

但是當眾我不能這麼說，所以我帶著笑容問：

「奧斯卡，你不想吃我可以陪你走回去，沒問題。但是你要不要告訴我們，為什麼你拒絕吃火鍋呢？」

奧斯卡用理所當然的口氣說：「我付了錢到餐廳吃飯，為什麼還要自己煮？自己剝殼？這完全不合邏輯！」

這麼一聽，我知道問題不大，緊接著說：「沒錯，這不合邏輯。要不然你坐下來，你要吃什麼，你跟我說，我來幫你煮，你負責吃就好，這樣好嗎？」

完全是料理白痴的奧斯卡，顯然有點動心。

「那我來幫你剝蝦殼！」主人一見到有轉圜的餘地，也立刻見縫插針。

就這樣，原本已經戴上帽子，走到門口的奧斯卡，才心不甘情不願地坐下來，整個用餐時間一面吃著大家端到他眼前的食物（帽子一直沒有拿下來），一面碎碎念：

「就是把生的東西放到水裡，這算哪門子料理？他們根本是不會做菜吧？

「這是餐廳，蝦殼為什麼還要客人自己剝，完全不合邏輯！

「我到餐廳是付了錢的，為什麼還要自己煮？」

整頓飯都在服侍奧斯卡，自己沒吃到幾口，雖然不敢說什麼，心裡嘀咕著：

「拜託，你哪有自己煮？都是我在幫你煮好嗎？

「喂！別一直說你付錢，明明是主人付的錢，你一毛錢都沒付好嗎？」

氣消了之後，我其實可以理解奧斯卡是從邏輯的觀點看這件事，為什麼他說「餐廳」需要客人自己煮菜是「不合邏輯」，不管他是不是自己付錢，這都是他作為哲學家的原則，煮食物的地方，在定義上的確不叫「餐廳」，而叫做「廚房」。

一輩子沒進過廚房的奧斯卡，是那種寧可餓肚子不吃，或是開一罐鮪魚罐頭吃，也不願意進廚房動手料理的男人。所以他覺得主人把他騙進了廚房，卻告訴他這是餐廳，是種不應該的行為。

從此之後，只要有人提議要帶奧斯卡吃火鍋、涮涮鍋、銅盤烤肉，或是任何需要自己動手的食物，或是要買珍珠奶茶給他喝，我都會嚴正地拒絕：

「相信我，你、絕、對、不會想要面對這個後果的。」

然後對方就會用非常驚恐的眼神看著我，不知道他們做錯了什麼事。

堅持邏輯原則：餐廳就是餐廳，廚房就是廚房

奧斯卡的「餐廳就是餐廳，廚房就是廚房」的鋼鐵原則，雖然對外人來說有些可笑、甚至頑固，但是我從中看到了他對邏輯原則的堅持。

現實生活中，如果我們也能有這樣的堅持，是不是可以免除很多掙扎？

我記得在哲學諮商室，接過一位具名「困惑的小律師愛麗絲」的問題，讓我反思是不是

堅持邏輯原則，可以讓人減少困擾？愛麗絲是這麼說的：

我是二十四歲的小律師，現在有不錯的工作、可愛的男朋友，但我不知道要怎樣規劃接下來的人生。我最想要做的工作是作家，但考量現實環境，基本上會把寫作當成一輩子的兼職來生活。而律師業的競爭和要求都越趨激烈，我顯然沒有足以抗衡的覺悟。

問題在於我能做怎樣的工作做一輩子？我正在學日文，也對很多法律以外的領域有興趣，正在考慮是不是要考獎學金去日本念研究所（培養第二專長，同時獲得一定的日文能力）？或是安分地當一個好律師？在對自己的選擇不夠有信心的情況下，我不願意讓自己和男朋友的感情受到遠距離的考驗。在這種情況下要如何做出一個兼顧我個人性格、感情關係以及未來發展的最佳安排呢？

明明是自己的人生，為什麼在乎別人的看法？

「我覺得妳的問題很有意思。」我說。

「哇！謝謝！你覺得我的問題哪裡有意思呢？」愛麗絲顯然有點高興。

我的臉色一沉：「為什麼妳那麼在乎別人對妳的看法？」

我會這麼說，是因為我說到覺得愛麗絲的問題很有意思時，她立刻想要知道是什麼讓我覺得有意思。無論我覺得哪個部分有意思，或是沒有意思，跟她真正想要解決的問題，並沒有關係，不是嗎？

可是這卻突然變成了她現在最想知道的事。這種反應，讓我回到愛麗絲的問題仔細讀了幾次，發現她不斷說想要做自己，但是「在乎別人的看法」卻一直阻止她成為自己喜歡的那個人。

所以我想要請她先把一開始的問題拋在一邊，專心想一想，為什麼會那麼在乎別人的看法？

「可以的話，給我五個原因，不需要長，每個原因簡短的一句話就可以了。」

愛麗絲說她對於為什麼那麼在乎別人對自己的看法有五個原因：

1. 我對別人的判斷比對自己的判斷有信心。
2. 我相當看重人際關係，害怕與人衝突。

3.讓別人滿意比讓自己滿意會更輕鬆且明確。
4.我不願意承擔自己獨立判斷的風險。
5.我相信藉由消化別人對我的看法，我可以成爲更好的自己。
愛麗絲還說，她有一種被牢牢抓住尾巴的感覺。

「那我們一起來把妳的尾巴拉出來吧！」我笑了。
在愛麗絲的五個回答中，透露了五個關於自己性格上重要的訊息：
1.對別人的判斷比對自己的判斷有信心——缺乏信心。
2.看重人際關係，害怕與人衝突——害怕衝突。
3.讓別人滿意比讓自己滿意會更輕鬆且明確——慣於討好別人。
4.不願意承擔自己獨立判斷的風險——不願負責。
5.相信藉由消化別人對我的看法，可以成爲更好的自己——沒有主見。
經過了這一輪初步的澄清（clarification），我想我們已經知道愛麗絲真正需要想的問題是以下這個才對。

要面對自己，就讓狐狸尾巴通通露出來吧！

我接著提出三個問題請愛麗絲回答：

1. 妳有沒有想過自己是一個「缺乏信心，害怕衝突，討好別人，不願負責，沒有主見」的人呢？

2. 妳對於發現自己是一個「缺乏信心，害怕衝突，討好別人，不願負責，沒有主見」的人，有什麼感受？

3. 一個「缺乏信心，害怕衝突，討好別人，不願負責，沒有主見」的人，有沒有可能對自己的生涯找到一個「兼顧個人性格、感情關係以及未來發展的最佳安排」呢？

「這樣對於二十四歲的律師會不會太激烈？」我半開玩笑說。

愛麗絲也笑著假裝投降，「我從讀高中開始就煩惱類似的問題，只是一直在逃避尾巴被抓住這件事，所以稍微有點心理準備，並不會太激烈喔。」

愛麗絲對這三個問題的回答是這樣的：

1.隱隱約約地有想過自己是一個「缺乏信心，害怕衝突，討好別人，不願負責，沒有主見」的人，因爲被每個人都喜歡其實很不自然吧。（汗）只是大家對我的客觀評價普遍偏高，所以不怎麼會意識到上述的黑暗面。而且「缺乏信心，害怕衝突，討好別人，不願負責，沒有主見」在學生生涯中很難被發現，其他人甚至只是會優先辨識自己身上的標籤。何況，又是相當負面的形容詞，自己也不太願意承認。

2.對於發現自己是一個「缺乏信心，害怕衝突，討好別人，不願負責，沒有主見」的人，有什麼感受？老實說，相當地不舒服。大概就像是精神病患開始有病識感一樣的不舒服。

但也覺得鬆了口氣，因爲現在開始調整的話，後面還有長長的人生有可能不用再當一個這樣的人，可能可以塑造出另一種可能性而感到期待。

甚至有種原來如此的感覺，讓人生中很多莫名其妙的轉折和停滯變得合理一些。

上了大學、談了戀愛、開始工作之後，一度以爲自己已經不是那樣的人了。結果即使比例降低了一些些，整體上好像還是這樣的人呢。

3.一個「缺乏信心，害怕衝突，討好別人，不願負責，沒有主見」的人，有沒有可能對自己的生涯找到一個「兼顧個人性格、感情關係以及未來發展的最佳安排」呢？我個人覺得不可能。因為沒有所謂的「自己」，也就沒有信心去承擔決定。不論應不應該，都只能先把自己的樣子「養出來」，急不得。簡單來說，就好像還不知道自己會拿到怎樣的種子的農夫，擔心要把種子種在哪裡、何時播種一樣荒謬。

黑暗中的光

一個人生勝利組，卻看到自己的狐狸尾巴被揪出來，我可以想像這有多麼難以接受。但是黑暗的時候，總是比較容易看到光。我相信這些讓愛麗絲看見自己「缺乏信心，害怕衝突，討好別人，不願負責，沒有主見」的負面特質，對於誠實思考自己的問題是有很大好處的。

但別忘了，優點跟缺點往往是兩面刃，比如說幽默的人容易讓人覺得玩世不恭，覺得自己笨的人反而不擔心被嫉妒。所以我請愛麗絲在這五個性格中，試著各找出一個好處：

1缺乏信心的人，＿＿＿＿。

2害怕衝突的人，＿＿＿＿。

3討好別人的人，＿＿＿＿。

4不願負責的人，＿＿＿＿。

5沒有主見的人，＿＿＿＿。

愛麗絲的回答是這樣的：

1缺乏信心的人，比較謹慎，不會冒不必要的風險。

2害怕衝突的人，比較能團體合作，和他人建立關係。

3討好別人的人，比較有觀察力和同理心，能推測對方的狀態和需求。

4不願負責的人，比較不會過於武斷、絕對，保有彈性。

5沒有主見的人，比較客觀中立，能換位思考。整體來講，因爲沒有形狀，可塑性比較高。

我想愛麗絲已經看到了一件很重要的事，雖然「缺乏信心，害怕衝突，討好別人，不願負責，沒有主見」，但這就是自己啊！重點不是這個自己是否完美，因為世界上本來就沒有完美的人跟人生，重點是你喜歡這樣的自己嗎？

如果只能選一個，你會比較喜歡作為一個「謹慎，能跟別人合作，會察言觀色，姿態柔軟，想法有彈性」的人，還是一個「堅持自己興趣，完全不受感情因素左右，可以將人生當成一條直線衝刺」的人呢？

善用「刪去法」：即使不知道自己想要什麼，也可以確定一定不要的

考慮了一、兩個小時，愛麗絲說她知道這就是她的現況，也知道應該要喜歡上這樣的自己，那麼就可以接受現況，再看看要如何生活。

「我想這會為我們的諮商畫下一個完美的句點。」愛麗絲語氣略帶抱歉地說，「但是，現在的我不喜歡這樣的自己。我覺得這樣的自己好累，外面的世界有太多種聲音，我已經負

荷不了了。有人要我努力工作賺錢，有人要我主持社會正義，有人要我繼續深造，有人要我健康快樂，有人要我自我實現，我已經看不懂了。我找不到平衡，也不知道要把自己的重心往哪裡擺。我甚至覺得自己沒有徹底完成個體化，過於不成熟。有太多面鏡子，這樣的我已經不知道要往哪一個方向張望自己的臉，連表情都看不出來了。

「如果只能選一個，我會比較喜歡作為一個『堅持自己興趣，完全不受感情因素左右，可以將人生當成一條直線衝刺』的人。因為世界變得太快，至少我可以和自己長相左右，不斷地前進。而且我始終知道自己在哪裡。

「做一個像現在的我的人，感覺太過吃虧了，無法為自己累積什麼，只是不斷地為了別人逞強。

「我這樣彎彎曲曲非直線地過日子，似乎很浪費又不爭氣。怎麼過，大家都不會滿意的。不如爽快點，把該得罪的得罪，當個不那麼在乎別人的人。」

說完之後，愛麗絲帶著抱歉的語氣說：「我這部分可能回答得比較情緒化或混亂，畢竟現在的我比較像是不得不接受這樣的我，而不是真正喜歡上了這樣的我。而那些黑暗中的小光點，還不足以抵擋黑暗。」

聽完以後我忍不住笑出來：「愛麗絲，妳還是那麼關心別人對妳的想法，即使明明這節哲學諮商是妳的，面對的是自己的問題，妳還是考慮、擔心自己的回答會不會讓諮商不順利、不完美。一個口口聲聲要做自己的人，這樣是不行的喔！」

「謹慎，能跟別人合作，會察言觀色，姿態柔軟，想法有彈性」，就像選擇跟父母、媒妁之言介紹的合適對象成婚。而選擇自己的真愛，則是「堅持自己興趣，完全不受感情因素左右，可以將人生當成一條直線衝刺」的人才能做的事。前面一個選擇對於人生來說會比較容易，失敗機率比較低，失敗了也不用自己負責；選擇後者才有機會成為一個讓自己喜歡的人，但是冒著較大的失敗風險，萬一失敗了，責任通通是自己要承擔的。

「隨便」真的有那麼「隨便」嗎？

我在台灣，時常會聽到兩個台灣人討論要吃什麼的對話，通常是這樣進行的：

A你想吃什麼？

B隨便。

A那我們去吃麥當勞。

B不要！

A那你要吃什麼？

B除了麥當勞，什麼都好。

我每次聽到這樣的對話，白眼都要翻到腦後面了。從一開始，B真的那麼「隨便」，覺得自己吃什麼都可以嗎？難道B真的一點都不知道自己要什麼，不要什麼嗎？

就算B一開始真的以為自己吃什麼都好，但聽見A提議麥當勞之後，B雖然還是不知道自己要什麼，卻突然非常確定自己絕對不要吃麥當勞了。

在這裡，愛麗絲就是這個B。繼續當一個「謹慎，能跟別人合作，會察言觀色，姿態柔軟，想法有彈性」的人，也就是愛麗絲突然發現絕對不想吃的麥當勞。

重點不在於麥當勞是不是真的那麼不好，而是如果真的不想吃麥當勞，無論用理性分析找到再多關於麥當勞的好處，對你也是沒有用的。

其實，你在提問之前，本來就知道是這樣了吧？只是聽到A說要吃麥當勞的剎那，讓你突然清楚表態了，因為不這樣的話，就會吃到自己一點都不想吃的麥當勞。

正是「缺乏信心，害怕衝突，討好別人，不願負責，沒有主見」，讓人不敢承擔風險，選擇走向成為自己喜歡的人。

臉書創辦人馬克．祖克柏說過，「The biggest risk is not taking any risk... In a world that changing really quickly, the only strategy that is guaranteed to fail is not taking risks.」（最大的風險就是不願意冒任何風險……在這個瞬息萬變的世界，唯一必敗的策略，就是不願承擔風險。）

不敢選擇，因為不想承擔風險

「既然不吃麥當勞，妳真的想要吃的是什麼？」真的是一輩子寫作？還是去日本念書？或者是別的？妳願不願意承擔吃到比麥當勞更難吃的地雷的風險？這是接下來妳必須透過思考，慢慢回答自己的問題。妳確定不考慮麥當勞嗎？

「我確實很容易想太多別人的事，而忘記自己真正在乎的事。」愛麗絲苦笑說，「一邊想著這都是小事，沒關係的，結果漸漸分不清楚大事和小事了。」

接著愛麗絲說，她自己其實也常常在想關於是否有勇氣選擇真愛的譬喻。

「在選擇要和誰度過人生這件事上面，我基本上就是個『堅持自己興趣，完全不受感情因素左右，可以將人生當成一條直線衝刺』的人，當然會有很多需要自己一個人面對和思考的部分，可是生活也漸漸變得美好。

「因此越來越意識到，如果在擇偶上這樣的選擇長遠來講才能讓我願意付出、培養，那麼在職業選擇抑或是生涯規劃上面，去做一個傾向於『堅持自己興趣，完全不受感情因素左右，可以將人生當成一條直線衝刺』的人，可能也會讓我過得更好。

「關於考不考慮麥當勞的問題，我想我現在真的還不能夠說出自己想要吃的是什麼，我需要更多時間和空間去嘗試，去迷路，才能知道自己真正想要的。而基於人不吃東西太久會死掉，我考慮先把手上的麥當勞吃掉，才有足夠的熱量去找到我真正想要的事物。而且，也不用在還沒有想清楚要什麼之前就憤而絕食。

「現在想想，我知道我不想要吃麥當勞吃一輩子，但是在還不知道自己真的想吃的東西之前，我還是會一邊吃麥當勞一邊尋找。我可能誤以為，我只要不吃麥當勞或是絕食，就會知道自己真正想要的是什麼，但這顯然是個錯誤的推論，所以害自己壓力很大。但我現在冷靜地想，那只會讓我餓死或是過度慌亂，並不會開啟我的潛能。我真正需要的是，給自己時間去想，適量地吃麥當勞，同時找找自己想要的，而不是逼自己給出答案。

「因此我會考慮麥當勞，但和麥當勞保持開放式關係。

「我也願意承擔風險，但是在依照我原本性格的前提下，一點點、一點點地拉高風險的比例；而不是一下子跳進去絕對的、使我恐慌的風險。」

和麥當勞保持開放式關係，聽起來很有道理，不是嗎？但是請想想，世界上有沒有「適量地吃麥當勞」這件事？我提醒愛麗絲。

作為一個律師，妳認為老師可以「適量體罰孩子」，上司可以「適量性騷擾部下」，廠商可以「適量摻地溝油」嗎？明明不要的卻可以「適量」「看情況」，那麼肢體暴力、性騷擾、食安問題會有停止的時候嗎？

「我們說了這麼多，其實妳一點都沒有像妳自己說的，下定決心要面對自己吧？」我非常不客氣地直話直說，「請允許我請問妳這節諮商的最後一個問題，答案只能在YES或NO當中選擇一個：

「『適量』背後真正的意思，是願意承擔風險，還是不願意承擔風險？」

想要下定決心面對自己嗎？

愛麗絲給了我她最後的回答：

「謝謝你看見我的自欺欺人。作為一個律師，和作為一個人，我都不同意世界上有『適量地吃麥當勞』這件事。

「確實一直以來，我都是貪圖吃麥當勞帶來的方便和安全感，即使在言語上不滿，在行為上卻依然只吃麥當勞，沒有下定決心面對自己，我的生活方式不斷在欺騙我的心。但這樣下去，我只會越來越不喜歡自己。所以從此以後我願意承擔風險。

「謝謝你如此客觀的提問，讓我看見明明不願意改變、選擇，卻也不願意接受現況的自己。半夢半醒是最痛苦的，這次，我想要真正地醒過來，即使不適量的風險，我也願意承擔。不然再過個這樣的二十四年，我無法想像會成為怎樣扭曲的大人。」

我很高興，愛麗絲也開始看到了我看到的她。要拉出距離，用客觀的角度來評斷自己，其實是一件很難、也很痛的事，但是正因為她願意自己的尾巴被揪出來，願意面對自己，所以她也因此比大多數迷惘的人，更能夠跨越黑暗。

實踐篇 ⑦

你害怕浪費生命嗎？

——等待的錯覺

許多人浪費了整整一生去等待符合他們心願的事，結果一生就被「等」完了。

能不做的事情就不做？

奧斯卡有一次突然對我說：「誒，我覺得你真的很認真工作！」

「我做的都是我喜歡的事，所以能做的就會盡量做。」我這麼回答。

沒想到奧斯卡不以為然地說：「我也只做我喜歡的事啊！但是我不會盡量做。」

「是嗎？」我覺得有些訝異，「那你都怎麼做？」

「就算喜歡的事，我也都盡量不要做，因為我太懶了！」

對於奧斯卡的這個自我揭露，我當場受到很大的衝擊。

自從開始跟奧斯卡學習哲學後，這幾年來我一直規定自己每天要為客戶做一堂哲學諮商，無論多麼忙，都不間斷，因為奧斯卡一直強調，只有不斷地練習，才能夠讓思考的能力進步。

跟隨奧斯卡學習幾年之後，卻突然聽到奧斯卡說自己懶惰，只花最低限的時間，做自己喜歡的事，能不做的事情就不做。這當然也解釋了我長久以來的疑惑，比如為什麼奧斯卡不願意留在大學教哲學，卻寧可在自己家裡設立一個自己的哲學學院。他足不出戶，就可以在家裡穿著睡衣工作，每天不需要通勤，不需要跟人交際，不需要處理行政事務（行政都交給妻子），甚至不需要寫教案、編寫課綱（這都交給學生來做）；可以只在自己想做的時候，做自己喜歡的事，讀自己想讀的書，跟學生上課討論的內容，則是當天他想討論的話題（通常是他正在寫的書、正在思考的問題，或是遇到的思考瓶頸），不需要回應任何人的要求，過著可以說是完全任性的生活。我以前沒有想過，其實這些行為背後的概念，就是「懶」。

奧斯卡不只是懶，甚至以自己的懶惰為傲。

一般人如果面對自己的懶，通常會伴隨著很深的罪惡感，但奧斯卡完全不是這樣的人，他擁抱自己的懶，從來沒有想過，要用自己的思考去博取世人的喜愛，因為那太費力了。

我在等什麼？

奧斯卡的懶惰，讓我開始思考，我一直鞭策自己努力，是不是那種認為自己只要機會到來，就會一鳴驚人的人？

「別等了！如果尼采還在世的話，他可能會這麼勸你。」我好像聽到奧斯卡的聲音在我耳邊這麼說。

許多人浪費了整整一生去等待符合他們心願的事，結果一生就被「等」完了。生命的本質是一個過程，還不如不要等待千載難逢的機會，而要抓住平凡的機會，使之不平凡。

這樣聽起來很讓人失望嗎？我可能還有更讓人失望的壞消息：不但人生的「等待」，可能根本沒有「結果」，「等待」本身，搞不好就是唯一的「結果」！

等到最後，結果呢？

我們都不喜歡等待，無論是排隊買珍珠奶茶、等考試成績出來，還是等心儀的對象回應你的表態，每一分鐘都像一年那麼久。但是我們會等待的，偏偏都是我們喜歡的事——像是珍珠奶茶，戀愛，或是我們認為重要的事——像是考試成績。

仔細想想，排半天隊等到一杯普普的珍珠奶茶，收到分數不太高的成績單，接到喜歡的對象寫來拒絕你的簡訊……當我們等到的是這些不討人喜歡的結果，結果還那麼重要嗎？

難怪有人說，戀愛在雙方態度曖昧不明的時候，最美。即使發憤圖強、努力讀書時，想像自己會有驚人的進步，也非常地美妙。

我喜歡旅行，並且覺得在準備出發的時候，是旅行最美好的部分。然而真正到了萬里長城，看到現實中推擠不堪的人潮，反而感到很遺憾。日本也有一種叫做「巴黎症候群」的病症，就是觀光客終於到了嚮往多年的浪漫花都巴黎，卻發現跟想像中差距太大不能接受，結果衝擊過大，肢體癱瘓、無法行動。

說不定，「等待」本身很好，比「結果」還好！

「等待」本身，可不可以是一種「結果」呢？

人類自從生到世界上，不就是開始了等待死亡的過程嗎？就像所有生物一樣，只是我們之中有些生命的時間很長，而有些很短，但是說穿了，我們都在「等死」。

來自挪威的青年史汀（Mats Steen）二十五歲時去世，因為他罹患稀有基因病症「杜興氏肌肉營養不良症」（Duchenne Muscular Dystrophy），一種會造成肌肉退化的罕見疾病。當確定罹患這種病後，醫生遺憾地告訴史汀的父母，這類病患很少能活超過二十歲，在死亡前，史汀已經經歷十幾年肌肉嚴重萎縮、無法行動的日子，但是他的爸爸卻說「史汀成功活到二十五歲了」。

等久一點才死，原來也是一種成功呢！

這就解釋了為什麼長壽的人瑞，就算這輩子什麼事都沒做，也會上報紙專文介紹，或是九九重陽節被奇怪的官員請到奇怪的台上去坐在那邊，彷彿他們一直等不到死期的這種漫長「等待」，本身就是一種成就。

果果跟迪迪是誰？

劇作家貝克特認為，人生是荒謬的「等待」。因為貝克特的母親沒有愛心，讓他無法得到母愛，但內心還是荒謬地等待著，他因此寫了著名的《等待果陀》（En attendant Godot）表達存在的荒謬——人的內心始終懷著一種得救的期待，而所期待著的那個人事物，卻始終不來臨。

《等待果陀》劇中有兩位主角：果果是腿有病永遠走不直的人，因此時常撥弄他的靴子，迪迪則是一個頭腦想不通的人，語無倫次，喋喋不休，時常玩弄他的帽子。他們倆天天在交叉路口等待果陀。最後來了一個男孩，告訴他們：「果陀今晚不來了！」

貝克特藉此諷喻：人在暗昧中，雖然知道要走直路，人生應該有意義，應該期待，但是人憑自己卻始終走不直，也不明白怎樣使生命成功。他們期待著，可是究竟期待什麼？為什麼要期待？「理性」本身對此一無所知，可是「期待」仍然存在，等待著那個不會來的果陀。

被醫生認為活不過二十歲的人，活到二十五歲才死。這多出來的五年時間，肢體無法行動的他整天只能窩在地下室打《魔獸世界》。根據他的父親估計，在史汀生命的最後十年裡，大概花了一萬五千至兩萬小時在玩遊戲。換算起來，這個時數遠超過一個全職上班族十年的上班時間。

表面看起來，史汀生命最後的十年都在「等死」，甚至還比醫生的預期多活了五年。如果一個人死前十年花同樣多的時間在上班，就像等待果陀裡的迪迪可能會做的那樣，毫無意義地忙碌著，把每天的時間用碎念填滿，卻沒有人會說這個人在浪費時間，甚至會說他認真工作、認真生活——雖然結果可能都是一樣的。那個拯救靈魂的「果陀」都不曾到來。

所以，有沒有可能他們等待的結果（果陀）是「假」的，而他們「等待」的過程，才是

「真」的？

有沒有可能，我們從出生以後，到死之前，就是一個漫長的「等待」，本來就不會有什麼「結果」？

那麼人生的價值呢？人生的價值來自「結果」，還是「等待」？

反正都要等，不如滑手機吧！

這個道理不難理解，只要是用手機的人都知道，「等待」本身，當然就是結果！畢竟如果我們日常花在等待的時間不滑手機，誰需要網路吃到飽？

最近我讀到桃園六和高中林繼生校長的新書《人生兩好球三壞球》，裡面有一篇題目就叫做〈你在等什麼？〉這篇開宗明義說：「如果要為『人生』寫『一字小說』，我的作品就是『等』；如果寫『二字小說』，那就是『等待』。」不管天地創造、人文創意、科技創新，都來自「等待」，因為「等待」才有一切。

在過去，等待是一種美德，是一種最溫馨的改變，以歲月為酵母，以期盼的心情，預約未來的美好，其中融入希望與喜悅，從等待看出個性，看出ＥＱ，更看出修為。蒼鷹攫食，餓虎撲羊，高手出招，甚至小一點的捕蠅草，都是善於等待最佳時機的。對人情來說，因為「等待」之故，讓一切變得更有味道，更有彈性，更有想像。我們可以說，所謂的人生，就是一個「等待」的人生。

過去有「家書抵萬金」的說法，因為「魚雁往返」不知要多久，但曾幾何時，現代人消磨等待的時間已趨於一致，大家都靠滑手機捱過等待時光。等車、等捷運、等飛機、等上菜、等散會，痴痴等待的可能只是臉書或ＩＧ上一個言不由衷的「讚」，LINE的「已讀不回」更是常態。

就像林繼生校長說的，手機已完全改變「等待」的文化與風景，「等待」已無法考驗修為，因為在手機之前大家定靜如老僧，功力相同，無分軒輊，其實大家都是「等待」的輸家，真正的贏家是手機。即使菜沒上，車沒來，飛機誤點，排隊後珍珠奶茶賣光，我們在等待的時候，也已經滑了手機，得到了些新知，所以就算我們的等待本身沒有結果，等待本身就是結果。

既然連孔子都說：「飽食終日，無所用心，難矣哉！不有博弈者乎？為之猶賢乎已」，林校長說他也勉強同意，即使滑滑手機，也總比無所事事好。

尚－皮耶・居內執導（Jean-Pierre Jeunet）的《未婚妻的漫長等待》（A Very Long Engagement），故事背景設定在一九一七年的法國，描述女主角在第一次世界大戰期間接獲未婚夫為國捐軀的噩耗，但她不信，仍不斷地等待他歸來，同時尋找資料，還原真相，企求解開未婚夫的生死之謎。從此等待與希望就成了她生命中重要的支撐，到最後，「等待」不只是「選擇」，「等待」本身更是結果。

不要害怕浪費生命

從哲學觀點看「存在」問題，其實不是正面地探討存在，而是側面討論人性可能達到的終極。例如，蘇格拉底指出做一個真實的人，在於關心自己的靈魂，人生真智慧在於聽從那位在他心靈內的神的引導。老莊哲學則指出真的人生要「遊於道」「遊於無」，遊於超時空，超一切變化的有，「遊於萬物之祖」。

近代哲學家如斯賓諾莎（Spinoza），萊布尼茲（Leibniz），以及當代好幾位存在主義哲學家，如齊克果、杜斯妥也夫斯基、雅士培（Karl Jaspers）、馬塞爾（G. Marcel）等，雖然知道自然不同於超自然，但並不把自然與超自然分割為互不相通的兩段，因為他們大膽地認為宇宙整體除非在永恆的觀點下，是無法了解其真相的。

連那些表面上把人生限於時空層次之內的哲學家如卡夫卡、卡繆、沙特等也都承認，人憧憬著一個非理性可以領悟，非人力可以達到的境界。從純理性主義立場，他們只得稱人的這種企圖為「鄉愿」「空想」，因而把人的存在看成一個荒謬的事實。

當代存在哲學並非一般人想像的倡導當下、現實的重要，鼓勵醉生夢死、活一天算一天的放浪生活，或對現實生活抱持消極悲觀的論調。真正的存在哲學，是憑主觀體驗，依據現實人生，來完成人生，深入探討生命的真義；只是它探討的方法和表達方式與傳統哲學不同而已，它不滿足於理論上合理的推論，而是從現實的人的切身感受設法看出生命的指向。

我這麼認真，害怕浪費生命，所以我面對的問題，往往是勤勞的人才會有的問題。如果我也能跟奧斯卡一樣，不經營人際關係，不與人競爭，不在乎社會評價，那麼生命裡幾乎不會有什麼困擾我的問題。奧斯卡完全不害怕自己浪費生命，甚至以自己的懶惰為榮，讓我作為一個努力的人，反思我們所做的努力，究竟是真的在滿足對自己的期待，還是在滿足對社會的期待？

不如停止自欺欺人，我們活著並沒有在等待什麼，只是在等待而已。

畢竟在等待時大家都在滑手機的時代，再也沒有叫做「時不我與」，有的只是「我不知道時間是怎麼過去的」而已。

這也解釋了，頭腦清楚的奧斯卡、懶惰的奧斯卡，常常收了學生十堂課的錢，但是上了第一堂課之後，覺得這個學生不夠有趣，就會落跑！他有時間懶惰，有時間在森林裡散步，思考哲學問題，但是沒有時間為了錢而跟不能幫助他思考的人說話，這樣才能避免自己深陷「不知道時間是怎麼過去的」悲慘境遇。

可想而知，奧斯卡也時常因為這樣而被學生客訴（說是客訴，其實也求訴無門），但是你想退費嗎？門兒都沒有！（笑）

實踐篇
⑧

憑感覺思考不是真思考

如果過去的你，是一個靠「感覺」決定下一步該怎麼走的人，其實那並不是思考。

讀者來信

四年半以前，我收到一封讀者的來信，是一個喜歡旅行的讀者。他知道我也很喜歡旅行，所以他想跟我討論一個旅行的問題。他發現在太多的旅行之後，當初那種「旅行」的感覺好像不見了，他覺得很憂慮：「當感覺不見之後，我沒辦法決定下一步該怎麼前進？」

我當時沒有注意到這封來信，直到一年半後，有一天在整理郵件時，才突然看到，覺得很過意不去。我想了很久，我應該回答一個人十八個月前的問題嗎？

我想著一些從前曾經困擾我的問題，然後發現，很多當時覺得簡直天要塌下來的問題，隨著時間過去，就會不知不覺變小，甚至自動消失不見，既然我是如此，應該別人也是這樣吧？

於是，我決定不去回答這個好像在海中撈起來的瓶中信裡面的問題，但還是寫了回覆，先對於遲遲沒有看到信件道歉，然後誠摯地說希望這段期間以來，你已經找到屬於自己的答案，並且走在成為一個自己喜歡的人的道路上。

我寄出這封回覆之後，對方沒有回信，我也就沒把這件事放在心上。沒想到有一天，突然又收到他的信，原來他在我的臉書上，看到我當時正從墨西哥航海到阿拉斯加的消息。他說自己目前住在阿拉斯加州西北方一個叫做Homer（荷馬）的小鎮，想知道我什麼時候抵達阿拉斯加，說不定可以見一面。但是很可惜，因為時間不湊巧，所以我們還是沒能碰面。

時間就這樣一直過去，直到這個月，突然又收到了他的第三封信。

以為是在追求開放，卻發現自己還是只想到符合社會期待……

「從第一封信到現在，年復一年，我還是沒有變成那個自己喜歡的人。基本上，我卡住了！生活卡住了，想法卡住了，行動卡住了。我變成在滾輪裡不斷轉圈圈的老鼠。我該如何思考自己的下一步？」

聽到這個問題，我即使透過電腦螢幕，也可以感受到那份沉重。很多時候，我們都告訴自己，一切都會變好，所以我們把希望都寄託於未來，以後可以離開這個鳥不生蛋的地方，可以經濟獨立，脫離這個帶給我們許多痛苦的原生家庭，要去旅行，看世界，展開翅膀飛翔！

但是有一天，我們回頭一看，才驚覺我們不只已經長大，甚至已經開始慢慢衰老了。然而我們過去夢想中，那個過著幸福快樂日子的完美自己，到底在哪裡呢？

這位讀者說他在台灣長大，接受教育，畢業之後大多在國外旅行或度假打工，目前定居在阿拉斯加的這個小鎮，是個崇尚開放式思考的地方。幾年來生活在這個小鎮的時間與經驗，讓他體會到由於東西方文化的差異，自己在獨立思考上有很多需要加強的地方，以及實際生活經驗也有不足。當他在思考著下一步該怎麼走的時候，發現自己給出來的答案，仍然圍繞著各種「符合社會期待」的想法。他不禁困惑：

「我不知道我是真的想符合社會的期待，或者是我的思考方式只知道要去符合社會期待？」

在民風保守的阿拉斯加，這座小鎮是例外嗎？

聽起來是不是有點熟悉呢？其實你不需要到世界盡頭的阿拉斯加，可能也有著跟他相同的感受。

哲學諮商的本質，是透過思考來幫助遇到問題的人，看到自己的問題，面對自己的問題，然後自己提出解決問題的方法；而不是由哲學諮商師來「告訴」對方：問題是什麼、要怎麼想這個問題，或是該怎麼解決。也是因為如此，哲學諮商師的任務是在看到對方思考的盲點以後，針對這個盲點提出「好」的問題。一個所謂「好」的問題，是要讓對方聽到以後受到刺激、開始思考，也察覺到自己的盲點，達到「一語驚醒夢中人」的效果，用一個不同的角度來看待困擾自己的問題。

我決定問他：「我沒有去過阿拉斯加的荷馬鎮，你可不可以舉三個例子，告訴我：為什麼說你居住的這個小鎮崇尚開放式思考呢？」

這個問題表面上跟他的人生困境沒有直接關係，但是我卻看到一個很關鍵的盲點。只要對於美國稍微有所了解的人都知道，阿拉斯加州在美國，被認為是保守的共和黨票倉，甚至一些公立學校會拒絕基礎科學，比如禁止老師教授達爾文的物種演化說，而把聖經裡的上帝造人當作事實來教導學生。從常理上來說，大都市的人有可能比較開放，但是小城鎮或是鄉下人，應該更加保守，所以他竟然在信裡把他居住的小鎮形容為「崇尚開放式思考」的地方，讓我相當驚訝。

這件事情的合理解釋，基本上只有兩個，第一個可能性是荷馬這個小鎮真的很特別，跟阿拉斯加其他地方都不一樣，是個特別開放自由的地方。第二個可能性就是這位讀者的盲點很大，根本沒有意識到自己住在一個民風保守，思考僵化的地方。

經過上網了解，我發現這個五千多人的小鎮，確實是個非常典型的阿拉斯加小鎮。不僅民風保守，而且出來選市長的，無論是當選的、或是候選的，都是共和黨人。前任市長還因為反對地方人士在鎮上設立大麻工廠，同時宣布六月是荷馬鎮的「同志驕傲月」以至於撕裂民意，因此連嘗試競選連任都不用，就自動出局了。新上任這位市長勝選的關鍵原因，根據在地報紙報導，竟然是因為他「完全沒有政見」。

從這些訊息可以判斷，荷馬鎮應該不可能是一個「崇尚開放式思考」的小鎮，而是一個典型的封閉、保守社區，那麼就只剩下第二個可能性了。

自然、傳統、多元，都不等於「開放」

收到回信時，他說了他心目當中的三個原因：

第一個例子：生活方式（種植蔬果、採集捕魚、打獵）。小鎮上有兩個主要超市，可以買到大部分的東西，但是價格偏高，食物方面不見得新鮮，因此需要當地的夏天農夫市集，多數人都有自己的花園，種植新鮮健康當季的產物，來到鮭魚洄游或打獵季節時也是提供當地食物的時候，因此如何耕種、如何捕／釣魚、去哪裡／如何打獵，以及之後的食物保存保鮮（過冬），每個人都自有一套模式與見解。

第二個例子：地理環境。小鎮位於道路的盡頭，除了空路之外，另一個延伸出去的就是無止境的水路。有些人住的地方只能靠船抵達，這些人住在大自然中，隨著他們的居住環境以及交通方式（不同的船有不同的處理模式）差異，每個人有著不同生活模式。

第三個例子：當地人。一年四季居住在這個小鎮上的人，一部分是土生土長，但大部分的人來自各個不同的州，甚至少數來自不同的國籍，因此在討論想法的時候，隨著每個人不同的成長背景，所提供的見解也各有不同。

很明顯地，他說的第一個例子叫做生活方式「傳統」，第二個例子，叫做地理環境「自然」，第三個例子，叫做居民組成「外來／多元」。雖然這些例子跟「開放式思考」可以有關係，但是並沒有直接聯繫。不信的話，我們也可以用同樣的這三個例子，來形容台灣、任何一個國家的任何一個偏遠鄉村、或是原住民部落。

有人可能會說，「外來／多元」的居民組成，當然會吸引想法特別開放的人，但是仔細一想，就發現不合理。思想特別開放的人，會想要移居到一個遺世獨立、特別保守的小鎮上嗎？還是更可能會吸引想法特別保守的人，從其他地方來？

所以，單單「多元」，並不意味著「開放式思考」。

從「憑感覺」走向真正的思考

經過這個提問之後，他慢慢地看到這個選擇定居在阿拉斯加小鎮的自己，的確就是屬於價值觀「保守」的那群人之一。一個價值觀保守的人無法「開放式思考」，而會以「滿足社會期待」為優先，並不意外。當然，一個「價值觀保守」的人，還是可以「開放式思考」，兩者不衝突。但首先，必須覺察到自己是一個怎樣的人。

如果過去的你，是一個靠「感覺」決定下一步該怎麼走的人，其實那並不是思考。能夠覺察這一點，你就會停止去等待「感覺」出現，而開始真正地思考。這一切都必須回到對自我的覺知上。那麼，一個價值觀保守的人，該如何思考出除了「滿足社會期待」以外的其他選項呢？

這個問題比想像中更簡單。想像有一個台灣的年輕人問你：「一個居住在馬祖西莒島、價值觀保守的人，該如何才有可能思考出除了『滿足社會期待』以外的其他選項？」你會如何建議這個住在離島的年輕人呢？

想出來之後，這就是對自己的建議了。

透過提問，看到真正的自己，然後因為看到自己的盲點，困擾自己的問題，因此變小、甚至消失不見。這就是哲學諮商有趣的地方，也是哲學思考，可以應用在日常生活中的證據。

實踐篇
⑨

完美主義者的重點

作為一個完美主義者，覺得別人無法看重你覺得重要的事，就會造成挫折感跟焦慮。

我需要什麼都知道嗎？

Roy是我一個在中東留學的讀者，在我的網路文章，知道我有一個提供NGO工作者免費住宿的公寓，所以跟我聯繫，想要在學校假期借住，我立刻就答應了。

可是從出發前的三個月開始，Roy就非常焦慮地陸陸續續跟我要許多資料，一下要地圖，一下要地址，一下想確定大樓的無線網路密碼，明明還有三個月卻已經在填泰國簽證的表格，詢問從機場到住處的交通細節……感覺上好像太空人要登月探險一樣慎重。平常對於瑣事沒有太多耐心的我，都抱著服務客戶的心情一一耐心提供，但壓垮駱駝的最後一根稻草，是他最近某天半夜三點突如其來的問題：

「阿北，可以請您拍幾張你建築物外面的照片嗎？這是我第一次去泰國，有點怕沒有辦法認出你的房子……」

「你不覺得把地址輸進Google Maps，就可以看到了嗎？」我問。

「我有使用Google Maps，不過因為輸入的地址訊息太多，沒辦法辨認。」

「輸入的訊息太多，這就是問題所在啊！」我在電腦的另外一頭咕噥著嘆了口氣。

人生充滿未知，所以請不要過度準備！

「你是我見過最焦慮的旅行者，」我說，「你試著想一下，為什麼會這樣？」

「到一個新的環境，我會很緊張吧！」Roy說。

「可是你為了這個非常簡單的小旅行，焦慮好幾個月，這不是好現象。」

「怎麼說呢？」Roy似乎對自己的焦慮表現渾然不覺。

「你希望所有的細節都在掌握之中，害怕任何不在想像當中的細節。你想弄清楚所有不知道的事，即使是不需要知道的事情，也通通都要知道。然而旅行的本質，就是『未知』，你正在焦慮的這些事，跟旅行者想要去看新世界、去迎接新體驗、去看意料之外的事物，把每一個意外當作機會、每一個錯誤當成驚奇的旅行本質，是相違背的。」

我心裡立刻想到的，是我喜歡的爵士樂大師電鐵琴手史提芬・哈利斯（Stefon Harris），在TED演講說過一句讓人深深感動的話：「在爵士樂中，每一個『失誤』都是一個機會。」（Every mistake is an opportunity in jazz.）

何止在舞台上，人生未嘗不是如此？許多人覺得自己的人生不如人意，甚至脫離規劃大暴走，但每一個意外，都是一個新的機會。所以英國經濟學家Tim Harford在《不整理的人生魔法》這本書裡，也提到「混亂是創意的沃土」這個概念。

這麼多風險，真的避得完嗎？

「為什麼阿北會認為旅行的本質，就是『未知』呢？」Roy似乎覺得我把「旅行」跟「未知」兩個概念連結在一起，是一件怪事。

我相信大多數人都明白，「旅行」跟「未知」有著直接的關係，根據我的法國哲學老師奧斯卡・柏尼菲的觀點，當一個人沒有辦法看見非常明顯的事物，到了違反常識的地步時，很大的可能是他有意識或無意識地在「壓抑」自己這個想法。所以我試著引導Roy去思考這個問題：

「你想一想，如果問大部分的人這個問題，他們會選擇『旅行』的本質是『已知』還是『未知』呢？」

「是未知的。」Roy回答。

「我剛剛說旅行的本質就是『未知』時，你卻顯得很驚訝，你不覺得這很不尋常嗎？」

「我不相信人可以預知未來，但人可以保護自己在未來的路上，不要碰到那麼多的風險。」

「可以舉一個具體的例子嗎？」我想知道Roy的「避險」真正的意思。

「像是如果人在三、四歲就被教育過馬路要先看紅綠燈，這樣子在他以後的人生中，雖然沒有人保證他會不會真的被車撞，但是這樣的課程會大大地降低他以後在馬路上被車撞的機會。」

「我同意你剛才說的，人要規劃大致的方向，但我無法同意對未知的事物，規劃很細就可以避免風險的假設。你認為過馬路被撞的成人，在四歲的時候，有大人教他們看紅燈，還是沒有？」

「沒有。」Roy承認。

「所以你有看出這兩者之間，你說的『因果關係』是不存在的嗎？」我說。

Roy遲疑了一會兒以後問：「那麼阿北都怎麼避免風險呢？」

「我要告訴你一個壞消息，你準備好了嗎？」我告訴Roy，「風險的本質是『意外』，因此幾乎是無法避免的。哪一個父母可以預知現在四歲的小孩，二十年後會在日本旅行時，因為滑手機、忘記駕車方向跟台灣相反，而被車撞的未來呢？一個人過馬路會遇到的風險，仔細列出來可能有兩千項之多，父母教育一個四歲孩子兩千種不同的過馬路風險，要求他過馬路前一一排除以後才能過馬路，那他一輩子都沒有辦法過馬路了吧？」

完美主義者，更要學會如何區分「重點」跟「細節」

從這裡，我帶Roy回到對旅行的焦慮，那就是對於「重點」跟「細節」無法區分的問題。

「可是你現在做的事，就是為了短短的曼谷之行，好幾個月前就開始列出兩千項風險，覺得每個都很重要，必須一一加以排除。這樣的人生，時間當然永遠不夠用。」我問Roy：「回到你說需要在去曼谷之前，預先知道建築物外面的照片，你覺得這算是旅行規劃非有不可的重點，還是可有可無的細節？」

Roy非常擔憂地說：「阿北會不會因為我說它是可有可無的細節，就不傳照片了呢？」

「不會，這是兩件事。」

有了我的保證後，Roy才願意回答：「好的，這是一個可有可無的細節。」

「沒有辦法區分『重點』跟『細節』的重要性，過去有沒有造成你生活上的負擔？」

「沒有，因為我很少碰到沒有辦法分辨的問題，所以你說的前提不存在。」

我覺得Roy對自己不太了解，所以試著請他回想。

「你知不知道有這樣的小朋友，熬夜畫聯絡簿上的圖。聯絡簿根本不需要畫圖，但他一旦開始了，就很執著要完成。結果因為這圖其中有一個細節不完美，最後熬夜沒睡覺，連學校功課也沒寫。你看過這樣的孩子嗎？」

「有。」

「你會怎麼形容這樣的孩子？請給我五個形容詞。」

「完美主義、愛畫畫、注重細節、沒有辦法分辨重點跟細節、可愛。」

「這五個裡面，有沒有哪些是身邊的人形容你的？」

「完美主義吧！」

「完美主義的人，你認為比較可能滿足，還是比較可能挫敗？」

「挫敗。」Roy回答。「這麼說來，真正的我是完美主義者？」

「當然是的。」我笑了，「你一直都知道，還是現在才知道？」

「我一直都知道，可是在考前的時候就會變成只專注重點、大而化之的人。」

「會不會是因為，學校的念書考試，對你來說是不重要的事情？」我提出一個假設。

「學校的念書考試，對我來說並不是很重要，重要的是我學習得到的東西。」

「但是遇到對你而言重要的事，像是旅行，內在的完美主義者就火力全開！」我笑著問Roy，「所以從念書考試跟規劃旅行這兩個例子來看，『重要』跟『不重要』的區別是什麼？請試著用一個『概念』短詞來表示。」

「學習。」Roy說，「可以讓我學習的事情就是重要的事情。」

「應該不是，」我想了想，這並不合邏輯，「因為教科書上無論『細節』跟『重點』都可以讓人學習，不是嗎？請再想想看。」

「興趣。」

我想，這次比較接近了。

重要性是「主觀」的還是「客觀」的？

「你覺得『興趣』是主觀的，還是客觀的？」我問Roy。

「是主觀的。」

「那麼一件事『重要』或『不重要』是主觀的，還是客觀的？」

「一件事重不重要，也是主觀的概念。」

「你覺得我如果去問路人，一般人會回答重要與否，是主觀的，還是客觀的？」

「一般大多數人的話，會說是客觀的。」

「所以你有沒有注意到，你覺得『重要』的事情，是你『主觀』有『興趣』的事，但是跟大多數人對於『重要性』必須是『客觀』的定義不同嗎？」

「如果像你剛剛所說的，很多人都覺得某件事情很重要的話，那的確是一種客觀的展現。」

「你一定過去就有注意到，很多時候你覺得重要的事，大多數人覺得不重要，是嗎？」

「我有注意到。」

「是的，在我們的互動中，我也感受到了。」我說。「申請簽證時表格上要填的住宿地址、公寓的地址、公寓的外觀照片，這對多數人來說，都是去曼谷旅行準備工作中，屬於相當不重要的細節，可是你主觀認為重要，因為你有『興趣』，這是很好的。但是客觀來說，大多數時候我們有興趣的事，不見得是重要的，我們卻會主觀認為重要，忽略了重要性是要有客觀性的。這就回答了你之前的問題：如何讓自己知道重點跟細節的差別。」

「原來如此。」Roy對於這樣的結論似乎有些驚訝，「重要性是要有客觀性的。」

「如果忘了重要性的客觀條件，作為一個完美主義者，覺得別人無法看重你覺得重要的事，就會造成挫折感跟焦慮。我判斷這是你長期的狀況，但焦慮的根源是你沒有去區分『我有興趣知道的事』跟『有客觀重要性的事』。」

「那要怎麼區分呢？」Roy問。

「當你下次又遇到你覺得重要的事，大多數人覺得不重要時，記得先問自己：『這屬於我自己有興趣知道的事，還是真正有客觀重要性的事？』你的挫敗感就會得到緩解。」

另外我也提出在這次諮商中使用過好幾次的技巧：「如果我問路人，大多數人會怎麼回答？」學習異位思考，從「大多數人」的角度來看事情，生活就會容易很多，而不會卡在自己的思維模式中。

把每一個意外，都當成一個禮物

依照慣例，諮商最後都有反饋時間，我問Roy是否喜歡我們臨時進行的哲學諮商，同時明確告訴我喜歡的部分、不喜歡的部分、覺得驚訝的部分，還有覺得不舒服的部分。

「還不錯，哈哈，謝謝阿北。」Roy說，「現在回想一下，我覺得喜歡的部分是你會幫我分析思緒上哪邊有問題。覺得比較驚訝的部分是原來我也有分不清重點跟細節的時候，這樣子我以後就會加入客觀條件來判斷一件事情重不重要。覺得不舒服或是不喜歡的部分，是你沒有回答我提出的問題，像是從你的角度而言，要怎麼避免風險等等，反而你問了我很多問題。我覺得你也要偶爾回答我的問題啊！」

於是我說明，其實在諮商中跟聊天時不同，哲學諮商師不會回答個人的想法。奥斯卡在進行哲學諮商時，有一件事情做得很徹底，就是諮商的過程像是放一面鏡子在被諮商者的眼前，透過提問幫助對方看見自己，在這過程中，諮商師的「我」並不存在。

「這是為什麼我在當時不會回答。我不能又是鏡子，又會說話，會說話的鏡子是很讓人困擾的，並不會幫助人！」

「那麼結束了諮商之後，阿北可以回答我的問題嗎？」

「當然，結束以後可以另外回答，」我笑了，「我的答案是：我不避免風險。我把每一個意外，都當成一個禮物，一個機會。」

於是，我把喜歡的爵士樂大師電鐵琴手史提芬・哈利斯的故事，又說了一遍。

「簡單來說，你不斷追求『未知』，其實不是避免風險，而是增加風險。」我回到Roy過度準備曼谷之行造成的焦慮，「比如現在你明明已經『有』很多曼谷的資訊，但相對於你『沒有』的資訊，例如公寓的建築物外觀照片，你『有』的就變少了，因為除了你『有』的，別的通通『沒有』。無論你再怎麼擴充『有』，那個你『沒有』的，永遠相對來說是海量。但那些你雖然沒有，只是有興趣想要知道的資訊，真的有客觀的重要性嗎？答案是很明顯的。所以判斷客觀重要性的能力非常重要，不然就會焦慮。」

「原來如此。」

「所以對我來說，最終極的避險，就是沒有把未知當作危險。既然危險不存在，是假的概念，就徹底避險了！」

「嗯，所以你沒有把未知當成一種危險。」Roy好像明白了一些什麼。但是隨即又感到疑惑，「我不懂為什麼追求『沒有』，我『有』的就會變少呢？」

「那很簡單，因為你有建築物外觀的照片時，你就沒有放鑰匙那個信箱的照片、沒有巷口建築物辨識的照片、沒有大門房卡刷卡機的照片……就會一直生出更多的『沒有』，這個『沒有』就變大了。」我說，「相信我光是這樣說，已經足以讓你又開始焦慮了……」

「哈哈，只要有建築物的照片我就心滿意足了。」

當然，「知道」與「行動」是有很大落差的，因為隔不到幾天，Roy就又忍不住來問我：「阿北，可以給我你曼谷公寓的泰文地址嗎？」

「你又焦慮了？」我說。

Roy有點不好意思，「哈哈，對啊。」

知行合一，真的很不容易啊！

實踐篇⑩

上課不能吵？

——一堂大人與孩子之間的信任課

信任別人，從停止對秩序的偏執開始。
而信任自己，從停止等待標準答案開始。

我為什麼不在課堂「管秩序」？

每一次我們辦理哲學冬令營或夏令營的時候，最常受到學生家長或是其他老師質疑的，往往跟教學內容無關，而是「學生太自由」。我們的課堂中間隨時可以自由進出，發言時可以坐著，不用立正站好，就算在地板躺著說也沒關係，甚至允許一面看著喜歡的課外書一面聽課。有些家長認為這是老師不認真負責，「放棄」孩子的表現。

「鼓勵孩子思考，要創造一個他們覺得『自在』的狀態。」我們總是這樣回覆有疑慮的家長或老師，而大人對於這樣的回答，難免半信半疑。

學生對於這種突如其來的「自由」，自然是又驚又喜，但從小到大的學校經驗，又讓他們對於這些大人的真誠抱持懷疑，所以會不斷測試耐性的極限，看看這些學習兒童哲學的老師是不是「假開明」，哪時終於受不了了，就原形畢露，跟其他大人一樣。但經過了幾天，當他們發現課堂上的自由是「真」的以後，並不會像家長或老師擔心的，極端聲張自由的權利，而是自動自發在課間透過觀察彼此的「邊界」，達到一個不被別人影響，也不影響別人的「平靜安適」狀態。

最明顯的指標是，經過了兩、三天，再也不會有學生舉手打斷上課，跟老師「告狀」，也不會有學生只想蹺課，流連在外。上課時間總是自動自發地待在教室裡，免得錯過精采的討論。

當然，有時候孩子即使想要安靜，卻也有管不住自己、靜不下來的時候，這時我們就會有專門的老師帶領冥想，教孩子如何在最短的時間內，幫助自己達到想要的平靜安適。

歐洲文化中的「平靜安適」

其實德國在幼兒園，也有一整套按照「全德國兒童聯盟」專為加強四至五歲兒童個性發展而制定的系列教育方案，其中一個「思維想像課」是「乘火車旅行」的活動，目的是以遊戲的方式引導孩子們安靜思考、豐富聯想。

這堂課的第一段是讓孩子們扮成旅客，搭著肩膀串成一列火車，嗚嗚地穿山越嶺去旅行。第二段裡老師則讓孩子們躺在體操墊子上安靜閉目，在音樂聲中隨著老師繪聲繪影講述火車穿過高山森林、原野農莊、河流湖泊，孩子們進行大腦的自由想像。老師不時在一旁提示：「看見草地上的野花了嗎？」「注意到森林裡的小房子了嗎？」「小河裡有沒有魚？」這堂課每次旁邊都有老師或志願者家長，幫忙記錄著每個孩子的表現，讓家長知道自己的孩子能否有安靜下來進入想像、語言描述的能力，以便家長了解自己孩子的身心發育情況，知道家庭教育要如何配合。

這種平靜安適的狀態，在中文裡沒有一個專門的詞彙來表達，但在德語中，是一個非常重要的字，叫做「gemütlichkeit」，實際上，這與前一陣提倡學習丹麥人的hygge精神，或瑞典人重視的mysig狀態，都是相同的意思。但這個之於歐洲人很容易理解的概念，對歐洲以外的人，卻往往只能理解外在的形式，以為就是要在房裡點上很多蠟燭，裹著毛毯，一起吃垃圾食物、聊天，所以這股風潮似乎就隨著夏天到來，在大家覺得莫名其妙下搔搔頭不了了之。畢竟一個用自己的語言叫不出「名字」的東西，很難具體去理解，更別說去喜歡，或是內化成生命情境的一部分了。

孩子成長的權利

「平靜」和「安靜」表面上有很多近似的地方，本質卻完全不同。平靜是舒適和放鬆的，但斥喝下帶來的安靜，卻是緊張甚至充滿恐懼的。只有「平靜」的氛圍適合思考，充滿壓力的「安靜」卻完全不利思考。

追求「平靜」，需要從小循序漸進的引導和訓練，但要求「安靜」，卻只要一聲令下，就能達到。這樣的調適過程，對於在高壓教育下長大，對「恐懼的安靜」習以為常的大人，似乎比孩子有更多的焦慮與痛苦。不只是家長，我們在第一年的夏令營，甚至曾經有兩個在傳統學校任教的助教老師，覺得孩子「上課不安靜」，又不允許「管秩序」，每天痛苦到以淚洗面的地步。

營隊結束的最後一天，我問這兩位助教老師：「我們憑什麼剝奪孩子成長的權利呢？」如果現在用高壓的方式管教，學生確實就會立刻回到安靜、服從的狀態，但是學生總有長大、離開學校，沒有人管的一天，那時候他知道在混亂的現實世界裡，該如何管理自己的行為，收攝自己如野猿般的內心嗎？與其延遲孩子的成長，一輩子當永遠長不大的大人，為什麼不讓他們從小就學習自我探索、自我管理？

渴望正確答案的高中老師

或許因為哲學讓我們對自己的每一個行為，說的每一句話，腦子裡的每一個想法，都去不斷反思，所以寒暑假的兒童哲學營，都會吸引幾位學習心特別旺盛的傳統學校老師，前來隨班見習，接受觀念跟做法的挑戰。

今年寒假中舉辦的六天，班上也有一位在高中任教的老師，特別認真，每天都跟學生一塊兒參與所有環節，在筆記本上密密麻麻做了上萬字的筆記。課程結束以後，這位老師開始進行整理，歸納教學的方法，分析每一個方法的作用，並且做出了好幾頁的「重點」，包括老師應該如何引導，如何幫助學生思考，如何肯定和鼓勵學生，以及如何讓學生自我管理等，洋洋灑灑好幾十條。

「您看看我寫得對不對？」這位老師把成果報告交給我，充滿期待地說。

我看了一眼，就把這份報告交還給這位超級無敵認真的老師：「這都是你經過思考後的觀察，不是嗎？」

「是的。」

「你是一個老師，自己覺得對嗎？」

「我覺得對。」

「你喜歡你做出來的整理嗎？」

「喜歡。」

「既然如此，就不可能是『錯』的，我憑什麼決定你寫得『對』或『不對』呢？」

「因為您是權威啊！」

我立刻搖頭，把那一份整理文件還給老師：

「抱歉，我不是權威，我沒有辦法告訴你你想聽的答案。」

這位老師很明顯地對於我這個回覆，相當錯愕，接下來的幾天，繼續不斷拿著同一份整理分析，問我和其他老師，到底他整理出來的教學方法「對不對」。我看到這位老師身心的焦慮。雖然他已經是高中老師，但是他此刻就像自己的學生那樣，渴望著有老師給他一個正確答案，打一個分數，因為他無法信任自己。

真正的秩序與和平，不應該來自規定賞罰

渴望在班上管秩序，以及渴望獲得正確答案，這兩件外表看來無關的事情，有著同樣的本質，那就是缺乏「信任」。

管秩序，就是對孩子自主管理能力缺乏信任的表現；而等待標準答案、尋求認可，則是對自己缺乏信任。如果我們既不能相信自己，也不能相信別人，一定會覺得這個世界充滿了不安和危險，也難怪無論大人還是孩子，無論在課堂上或在生活裡，都很難體會「平靜安適」的狀態。

這位高中老師犯下的最大錯誤，還不是不信任自己，而是將原本活的哲學「思考」殺死了，開膛剖肚、分割解剖之後，變成一條一條沒有生命的「知識」肉乾。比如他整理出一個叫做「全體自我管理」的大類，裡面共有六項，其中第六項「少數時候用行為引導」底下，又細分了六點，分別是：（一）冷處理，（二）拉出來，（三）坐到打鬧的孩子中間，（四）提出問題，（五）提醒按照約定讀「哲學家態度」，（六）邀請。

就像一開始說的，我們的哲學課堂裡，之所以不像一般傳統教育裡的教室，要求孩子們

「安靜」或「守秩序」，卻鼓勵孩子們盡量能夠處在自在的狀態，是因為當精神處在緊張的時候，不可能有良好的思考品質。但追求自在的同時，要意識到課堂就像一個社會，除了自己，還有「別人」的存在，如何在自己的自在，跟別人的自在當中，透過觀察跟互相學習，在沒有規範下，達到一個有利於集體的平衡——這就是真實社會裡「群我關係」的練習。我的法國哲學老師奧斯卡・柏尼菲撰寫的其中一本兒童繪本《團體生活，是什麼呢？》說的就是這個道理，只是我們按照「現象式學習法」讓這樣的哲學思考，變成了一種課堂中的生活體驗。

當這些已經習慣在課堂被要求「安靜」「守秩序」的孩子，突然被賦予自主權時，一開始難免會管不住自己。這時，我們並不會把孩子的「自主權」拿走作為懲罰，因為我相信「教育」跟「訓育」是分開的，而「安靜、守秩序」是屬於「訓育」的範圍，跟「教育」本身無關。過去由於時代的現實，軍事化的訓練被帶進課堂，讓這兩、三代人，無法區分學校裡的「教育」與「訓育」。在學校習慣被師長「維持秩序」的孩子長大以後，也會變得無法自主管理，相信在社會上也需要有權威出面「維持秩序」，卻忽略了真正的秩序與和平不應該來自規定與賞罰，而是相互的觀察與尊重，決定自己和別人之間的合理界線，才是合乎自然規律，或是孔子強調的「禮」。

讓自然的小樹學會羞避

在大自然的生態中，也有一種現象，叫做「樹冠羞避」（Crown shyness），是植物學家在一九二〇年以來就開始在一些樹種上觀察到的現象，森林中樹與樹的樹冠不會互相遮擋，自動形成一個溝狀的開口。這種現象在同一種樹間最為普遍，但也會在不同種的樹間發生。

最合邏輯的解釋之一，是樹冠枝條交錯會導致相鄰的樹木互相碰撞產生物理傷害，由於擦傷和碰撞，誘發了樹冠羞避反應，尤其是多風的森林，柔韌的樹枝是靈活的，彼此留出一點空間，才不會磨損自己的嫩芽，也不會被別人遮擋寶貴的陽光。

有趣的是，如果這些樹冠被人為地阻止在風中碰撞，它們就會逐漸填滿樹冠間隙，失去了這種自然協調的功能。在每個人強力宣稱自己權利的所謂「法治社會」，如果每個人都因此試圖將自己的權利極大化，就會停止觀察自己和別人生存空間真正的需要，產生不可避免的碰撞跟彼此遮擋，就像樹枝由於跟相鄰樹木彼此干擾磨損，而遭受物理損傷，殺死了主要的嫩枝。

傳統課堂裡時常發生的「告狀」往往讓老師精疲力竭，無法將主要的精力放在教學與學習上，基本上就是生長尖端對擦傷很敏感的小樹與小樹之間持續磨蝕，破壞了芽組織的悲劇。但是一旦老師為了快速回到課堂安靜的狀態，採取人為強勢的介入，這些樹就會失去了自然協調的能力。也就是說，它們會長成頭角崢嶸，沒有「樹冠羞避」機制的強勢物種，終其一生都在與周圍的世界強力碰撞，長期處在受傷或是逃避的狀態，無法達到平衡、平靜的安適狀態。

從個人延伸到集體，許多不必要的戰爭與衝突，往往來自於兩個群體在人為的權利主張下，脫離了「樹冠羞避」的自然狀態，也難怪無論聯合國出動多少維和部隊「管秩序」，都不會帶來和平。

當我們努力將「樹冠羞避」的大自然哲學，放回課堂裡時，如果老師面對課堂管理的需求，還繼續用傳統知識的思維來應對，比如孩子吵鬧的時候，就按照「全體自我管理」第六項「少數時候用行為引導」裡的（三），派老師去「坐到打鬧的孩子中間」，課堂管理的技巧就只是死板的「知識」，而不再是生態裡生意盎然的動態「思考」。當「樹冠羞避」失去了森林和樹的脈絡，也就失去了意義和價值。

信任別人，就從停止於對秩序的偏執開始。

而信任自己，就從停止等待標準答案開始。
然後，我們可能就開始懂得「哲學」在課堂、生活中踐行，究竟是怎麼一回事。

實踐篇 ⑪

原來不是「教人」，而是「被教」！

——人際關係從學校開始學

學校正是讓一個孩子踏出家庭，學習「群我關係」，知道「社會」跟「別人」是什麼的地方。

得知自由的滋味之後，我們還回得去嗎？

自從開始應用我的法國老師奧斯卡・柏尼菲博士的哲學踐行，在北京和台北分別設計、帶領「兒童哲學」的寒暑假營隊以來，今年冬天已經進入第三年。原本我以為，兒童哲學營是我要教導孩子們學會思考，但是我沒想到，三年下來，是孩子們教會我辨別「思考的危險」，跟「思考的驕傲」。

就像任何新的外來東西，在一開始執行的時候，面臨許多現實的挑戰，跟反對者的排斥。最直接、立即的衝擊就是：法國可行的兒童哲學，非常適合在人文教育已經高度開發的生活場景，但是我忽略了那些孩子的父母自身，本來就是在批判性思考的家庭與社會中成長的，非常理解這套思考應用的方法，所以用在歐洲社會的生活境遇，毫不費力。但如果將原原本本的這種批判性思考，試著移植到情境非常不同的東方社會，卻會遇到相當大的困難。

非傳統，就是可能不被認可，就是危險

比如在北京，把學校分成「傳統教育」跟「創新教育」兩種，所以只要不是政府的公立學校，就是創新教育，而創新就代表著學歷不被政府承認，因此「創新」兩個字本身，暗示這是一條充滿「風險」的道路。

或許是為了降低「創新」帶來的危險，我很驚訝地發現，一名明明從幼兒園到小學畢業都在北京接受「蒙特梭利」教育的學生，竟然從來沒聽過「蒙特梭利」這個名詞。

「蒙特梭利是什麼？」我問。

他困惑地搖搖頭，好像生平第一次聽過這個名詞。

「那你們學校叫做什麼？」

「不是『愛與自由的國際學校』嗎？」這個十五歲的國中生，對於我的問題顯得有些訝異。

按照這個邏輯來說，「愛」與「自由」的教育，顯然被當成是一種「創新」，是不被「傳統」認可的；這套教育方法，也不可以說出它真正的名字，因為這是一個只能存在大人之間心照不宣的祕密，不能讓孩子知道。而傳統教育裡，是不存在愛與自由的。

這樣的邏輯，當然就會影響這個社會，對於包括哲學教育在內的「非傳統」教育的看法：「危險」。

與其日後為失去自由而痛苦，我寧可……

如果換到台灣的場景，又是如何？台灣社會習慣把北京說的「創新教育」稱之為「另類教育」，那又是另外一套邏輯。因為「另類」意味著「非主流」，相對來說，現在政府推行的教育制度，當然就是「主流教育」。維基百科定義「另類教育指的是和主流體制不同的教育」就證明了這個邏輯。

「另類」或是「非主流」這個名詞，在台灣使用的中文語境上，跟「優秀」有比較直接的關係，比如說喜歡聽「另類搖滾」的人，要不是品味比較好，就是英文比較好，或是比較「厲害」。所以「另類」的意象，跟在中國所謂的「另類」不同。在中國，「另類」跟「叛逆」比較有關係，強調的是「自由自在、無拘無束」，可能好，也可能不好，但是一定比較「危險」。但是在台灣，「另類」基本上暗示著「比較好」，並沒有「危險」的暗示。

身為在兒童哲學營所謂的「主教老師」，必須像船長那樣負起全責，課後與北京的家長面對面，甚至面對家長激動的衝撞與質疑時，我確實地感受到他們內心的不安感與危險感。

不只家長，孩子自己也覺得危險重重。比如有一天，我們的主題是「人為什麼要上學？」請的特別來賓就是剛剛提到的那位十五歲國中生。

從幼兒園到小學畢業，他都是念（他自己不知道是蒙特梭利學校）蒙特梭利學校，但因為國中沒有蒙特梭利學校，必須回到傳統學校，我們請他來跟只小他自己沒幾歲的小學高年級學生自由對談，聊聊他自己上國中以後，所面對兩種學校之間的差異，跟他個人努力適應傳統學校的經驗。

隔天的反思時間，我請這些哲學營的孩子討論一個問題：

「如果知道自己嘗過『創新教育』的自由滋味之後，終究還是必須回歸『傳統教育』，那麼你會選擇『創新教育』，還是『傳統教育』？」

出乎意料的是，這些來自北京富裕家庭的孩子，有一半以上，選擇了傳統教育。

「為什麼呢？」我問。

「與其日後為了失去自由而痛苦，我寧可不知道自由的滋味。」其中一個孩子代表發言，其他人也舉手表示附議。

我兒子上了三天課，怎麼可以答不出「真理是什麼？」

那一刻，我的外表雖然一如往常，持續理性的討論，但是內心卻難受地糾結成一團，是的，我在這一半主動選擇被囚禁的孩子身上，看到斯德哥爾摩症候群（Stockholm syndrome）的影子。

這種所謂的「人質情結」，是指犯罪的被害者對於犯罪者產生情感，甚至反過來幫助犯罪者的一種情結。這個情感造成被害人對加害人產生好感、依賴心，甚至協助加害人，所以人質會對劫持者產生一種心理上的依賴感。他們的生死操在劫持者手裡，劫持者讓他們活下來，他們便不勝感激。他們與劫持者共命運，把劫持者的前途當成自己的前途，把劫持者的安危視為自己的安危。於是，他們採取了「我們反對他們」的態度，把前來營救人質的人，當成了敵人。

當然，我不是說制度、家長是加害人，這是一個不恰當的比喻。但是我看到的是：對脫離傳統，走進未知的危機感，讓這些年輕的生命——這些相對來說家境富裕，可以堅持任何選擇，去世界任何地方的孩子——在課後一一拿起外套，刻意拋掉白天學習到的批判性思考能力，乖巧地跟著來接他們的慈愛長輩，繼續主動選擇走進被囚禁的命運：

不要跑步，不然會跌倒。認真念書，以後才會有前途。外面冷一定要多加件外套，不然會感冒。上課要專心不可以看自己的書，學費很貴。上課要做筆記，回家要寫作業。作業不會太多，是你動作太慢。快去洗澡。快去吃飯。快去睡覺。

面對著知道自己命運的孩子，我的心底有著甩不掉的沉重悲傷。

有一位家長，甚至因為孩子上了三天哲學營，回家沒辦法回答出媽媽考他的問題：「真理是什麼？」而怒氣沖天地到課堂上來找我對質，認為一定是老師在課堂上沒有嚴格要求，放棄她的寶貝兒子，才會學了三天哲學還回答不出正確答案。

「那妳想怎麼辦？」我問這位又生氣又失望的媽媽。

「我考慮帶他去紐西蘭，總比在這裡好。」她說。

孩子低頭沉默地坐在我的旁邊，一語不發。我輕輕摟著孩子的肩膀，深嘆了一口氣，也說不出話來，但心裡想的是：「這位媽媽，請妳放過這個孩子，讓他自由地飛吧！只要妳在旁邊，別說紐西蘭，就算去了月球，也會比地球的萬有引力更加沉重，讓他一輩子抬不起腳往前行走。」

但這不是我能說的話，這媽媽不會懂，而這孩子也不是我的孩子。我唯一能夠做的，是一次一次努力調整，在北京，學習在「創新」之中把「危險」的憂慮拿掉；而在台北，是學習把「另類」當中「菁英」的驕傲抹去。

亞洲以外的人文體驗

第一次我們把心目中一百分的法國兒童哲學教育，原原本本搬到北京，卻很驚訝只達到了七十分的效果，慢慢進步到達第二年的八十分，而第三年的冬天，我有信心給自己打了九十分。

進步的關鍵，在於找到方法讓我們設計的十種抽象哲學思考能力，盡量「視覺化」，變成看得見摸得著的心智圖、周哈里窗、2W1H、提問座標。同時把哲學能力化身「體驗式學習」呈現，讓他們知道思考的時候，不需要像在傳統課堂裡那樣聽課、抄筆記、寫作業、考試，但是思考過的道理，不需要去記憶也不會忘掉，就好像學會認地圖以後，總是可以看著地圖，帶你到任何想去的地方。

比如，我們學會結合更多在歐洲的哲學課不需要準備的工具，像是引進芬蘭訓練奧運選手的凱薩卡里奧（Kisakallio）體育學院，由來自芬蘭的體育教練，每天中午飯後帶領一個小時的運動，讓不同的哲學態度，落實在體育活動裡。另一個極端，則是引導孩子如何幫助自己在浮躁無法思考的時候，透過身心靈的八套靜心冥想方法，使其在很短的時間內達到平靜（而不需要是安靜）的安適狀態，就像在德國一樣。

我們試著把西歐跟北歐認為理所當然，但是在亞洲無法理解的人文經驗，在這裡補齊。我雖然不能把北京變成巴黎，台灣變成芬蘭，但是確實能夠擁有「體驗」。

「與其日後為失去自由而痛苦，我寧可不知道自由的滋味。」

所以當這次孩子們又這麼說時，我聽到自己笑著說：「可是已經太遲了。你已經嘗到自由的滋味了，不是嗎？」

孩子們先是遲疑了一下，然後也都放鬆地笑了。

我知道，眼前這群孩子是幸運的，而這是北京最哲學的冬天，雖然冷，但是不難過。

孩子為什麼要上學？一場給家長與小朋友的腦力激盪

我有一個身為媽媽的朋友，她因為在同一個學期當中，讓小學的孩子兩次請長假出國——一次是去歐洲上滑雪課，另一次到印尼峇里島的海邊度假——讓孩子的父親非常不悅，兩個人的管教方式出現了很大的歧見。

「孩子在學期中，就是應該要學習跟大家一樣，乖乖上學。」這位父親說。

可是母親也有她的道理：「出國旅行也很重要，可以學習在學校學不到的東西。」

你會支持哪一方？

為了解決這個爭端，我們用哲學諮商的方式來思考這個問題：究竟學期中讓孩子請假出國旅行，是好事還是壞事？

上學和滑雪可以學到的不同事情

首先，我請這位母親誠實地想，上學的目的是什麼？

她說上學的目的有五個：

1.得到「知識」。

2.透過規律作息學習「紀律」。

3.學習「禮儀」。
4.透過跟同伴相處學習「社會化」。
5.讓父母「省事」。

除了第五個的好處，是以家長為主體之外，這位母親想到上學的其他好處，都是以孩子為主體的。

「那麼去歐洲上滑雪課，又有什麼好處呢？」我問。

這位母親一共想出了九個好處，其中有五個是在學校也可以學習到的，像是「同伴」相處、鍛鍊「體力」、跟外國教練對話可以使用「外語」、滑雪滑得比媽媽更好，因此建立起「自信心」，還有嘗試滑雪板以後知道「萬事起頭難」的道理。

另外有四個，則是在學校學習不到的，包括見到更多來自世界各地、各式各樣的人，培養「國際觀」，學習滑雪板以後才「確認自己比較喜歡滑雪」，獨生子的他在團體生活中學習到如何「照顧」比他幼小的孩子，還有在學習滑雪的過程中也學習「獨立自主」，自己做決定，並且為自己的決定負責。

「作為一個媽媽，妳認為值不值得為了這四個只有滑雪課才能學到的好處，而跟學校請一個多禮拜的假呢？」

這位母親仔細想了想以後，答案是「值得」。

帶孩子去上滑雪課，家長顯然並沒有得到「省事」的好處，反而比平常上學更加麻煩，所以這個滑雪課，很明顯地是以孩子的學習為主體。

去峇里島和去滑雪，有什麼不一樣？

接著我們又用同樣的方式，來分析去峇里島度假的好處，這位媽媽也同樣想到了九個。包括學習跟「同伴」相處，能夠實際練習使用「外語」，欣賞「美景」，享受「美食」，參觀當地烏布藝術村得到「美感教育」，學習「餐桌禮儀」，學會「度假」，同時有更多的時間「跟媽媽相處」，還有因為要自己搭飛機去跟媽媽在峇里島的機場會合，因此可以學會「獨立自主」。

我問這位支持旅行也是一種教育手段的母親：「這九點好處中，孩子有沒有得到上學的五種目的？」

母親想了想以後說，一個都沒有。

「這樣的度假，跟寒暑假的時候也可以去進行的度假，有什麼不一樣嗎？」

這位母親一想再想，也承認說度假就是度假，沒有什麼不同。

「所以學期中去峇里島度假，其實剝奪了孩子上學的學習機會。這樣值得嗎？」

讓孩子跟大人一起去峇里島度假，以大人自己為主體，孩子只是配合大人而已。因此如果為了這樣的度假，而向學校請一個多禮拜的假，是「不值得」的。

同樣是學期中請假出國，但一個是值得做的事、另一個卻是不值得做的事。所以並非所有學期中請假出國的價值，都是一樣的。

一個家長要做出正確的決定，就必須對於「為什麼要上學」這個問題有很清楚的思考。

如何思考「上學」這件事？

奧斯卡・柏尼菲「小小哲學家」系列的兒童哲學繪本當中，其中有一本叫做《我為什麼要上學？》（愛米粒出版）用說故事的方式，幫助父母跟孩子，一起去思考上學真正的意義。

書裡面的主角是一個愛問問題的孩子，在學校的一天中，問每一個他在學校所看到的人或物「為什麼要上學」這個問題。從老師到校鐘、樓梯到色筆、同學到椅子、皮球、布娃娃、大樹……

書裡面有幾個值得大人關注的面向。比如說，有些在學校的老師，總是只對課程進度感興趣，至於孩子的腦子裡在想什麼，他們並不想知道。如果孩子不斷發問的話，就會影響上課進度，讓老師生氣。表面上，上學「趕進度」好像有道理，但再想想，學校的主體，究竟應該是「老師」還是「學生」？也就是說，學校是為了誰而存在的？

我們是為了讓老師教他想要教的，才讓孩子去學校，還是為了孩子能夠思考他們想要知道的事物，才有學校跟老師？

學校上下課的鐘聲，代表一種制約。就像行為主義心理學學習理論中「古典制約」的經典：巴夫洛夫和他的狗，巴夫洛夫每次都穿著實驗用的白衣進入動物房，把狗罐頭倒進餐盤中，狗面對餐盤中的狗食，就會自然地流口水，這對狗而言是一種「非制約刺激」。可是有一天，巴夫洛夫忘了帶狗食，當他兩手空空穿著實驗室白衣進入動物房時，狗卻還是開始流口水。因為狗學到：看見實驗室白衣，代表著會出現狗食。一個原本是中性、無關的刺激，因此變成一種「制約刺激」。如果學生只是學會一聽到學校的上下課鐘聲，就立刻走進教室，那麼跟巴夫洛夫的狗，又有什麼區別呢？

故事裡被人踩來踩去的樓梯，忙著沉浸在自艾自憐的情緒裡，無法回答「為什麼要上學」這個問題。就像生活當中太過注重「感受」的人，通常無法理智地「思考」問題。

至於一心想著週末不上學的時候，就可以去游泳的小男孩，把慰藉（consolation）放在未來，逃避了現在，就與口口聲聲說「等我退休後就會去環遊世界」的上班族如出一轍，但這一天很有可能永遠不會到來。我們從大人的角度要想清楚，孩子究竟應該從小學習活在「現下」，還是應該寄託於可能不會發生的「未來」呢？

故事裡那張乖乖待在教室角落的椅子，則代表著認為只要乖巧、安靜就是「好」的價值觀。我們的周邊，不也充滿了許多這樣沒有自己想法的「乖乖牌」嗎？但是一味順從大人的意思，完全不動腦思考，真的是上學的目的嗎？

至於忙碌地用顏色把畫圖紙填滿的色筆，表面上很充實、忙碌，但上學真的是為了用各式各樣的課程跟活動，把一天的時間填滿，不留空白嗎？

皮球說上學就是為了玩，可是上學除了玩之外，更重要的應該是上學要有所學習——無論是知識上的、還是思考上的學習。

布娃娃認為上學是為了交朋友。但我們都知道，跟同伴在一起，當然有快樂的時光，也會有意見不合、甚至吵架的時候，這沒有什麼不好，因為學校正是讓一個孩子踏出家庭，學習「群我關係」，知道「社會」跟「別人」是什麼的地方。

遲到的自覺，幫助未來的孩子

雖然我們都習慣熟悉家裡的一切，但就像故事裡的叉子說的，只要上學、就會跨出舒適圈，去嘗試各種在家裡嘗試不到的新事物。這讓我回想到當我在幼稚園的時候，每週的最後一天，高老師和楊阿姨都會要我們每個人從家裡帶一樣我們平常最討厭吃的蔬菜到學校，然後那一天，她們兩個就會在學校的廚房，把大家帶來的這些討厭的蔬菜，煮成一大鍋蔬菜粥。說也奇怪，每個人最討厭的食物通通放在一起的時候，卻化身成每個小朋友都覺得超級美味的料理，因此那一天總是我們每個禮拜最期待的一天。我自己也是在那個時候，改變了我從小對於胡蘿蔔的厭惡，誰也料想不到，長大以後的我，最喜歡的甜點，竟然就是胡蘿蔔蛋糕。

還有，故事裡的書本，認為讀書才是上學的目的。平心而論，書本上能夠學到的就只有「知識」，是否除了知識以外的東西，這個世界上其他事物就不值得學習了呢？

而大樹說上學是為了長大。但長大一定比較好嗎？這可能是每個孩子成長過程當中都曾經經歷過的疑問。「長大的好處是什麼？」長大有長大的壞處，但是也有長大的好處，各自是什麼？這是身為大人的我們，可以認真思考，誠實跟孩子討論的事。

在故事的最後，老師又說，上學是為了學會問好的問題，並且學會自己尋找答案。但我們想想，所有的問題，都需要有答案嗎？學會如何「學習」，知道怎麼讓自己清楚問出問題，並且能夠享受尋找答案的過程，就像玩尋寶遊戲一樣，難道不比只是得到「正確答案」的知識，更加有趣嗎？

為什麼我們要上學？我發現自己直到離開學校生活許久之後，才學會如何思考這個問題的答案。希望透過我們這些大人遲到的自覺，能夠幫助未來的孩子，從踏進學校的第一天起，就知道為什麼要上學。

實踐篇 ⑫

改變自己？還是改變孩子？

——雙向道的親子哲學課

當思考在兩代之間，不再是單行道，而是雙向通車，這條思考的公路，就會變得順暢。

一堂親子間的哲學課

這幾年每到暑假，我們都會根據法國哲學家奧斯卡・柏尼菲博士發展的兒童哲學系統，在台北跟北京各舉辦一星期給小學生的邏輯思考夏令營。擔任聯合國教科文組織哲學顧問的柏尼菲博士相信，每個已經有語言能力的孩子，當然就有足夠的心智培養完整的思辨能力。

當我看著這些孩子，一個星期後帶著剛萌芽的思考能力離開時，心裡時常有一個疑惑：這些學會思辨的孩子回到家裡，如果父母並不重視思考，能不能夠得到充分的支持呢？

這個答案，我一直無從知曉。

重視孩子學習思考，但是自己卻不學習思考的父母，會造成一個現象，那就是孩子可以透過思考看懂父母，但是父母卻想不懂孩子；也就是懂思考的孩子，跟父母之間的溝通，變成了單行道。

當然，這樣的溝通，一定會比原本的順利，因為我們可以教孩子在面對父母時，學會行使「悲憫」（compassion）的能力，雖然這樣可以減少親子間的衝突，但是不會增加親子間的理解。

但是如果家長也意識到自己需要學習思考，跟會思考的孩子同步，情況就會完全不同。

比如我有一回在文章中說孩子不一定要考進名校，不應該順應應試教育，就收到網友留言，中國對非大學畢業生甚至非研究生都不寬容，家長能怎麼辦呢？中國有很多窮苦的地方，這些孩子不用填鴨式教育，還能怎麼改變命運？

「作為一名普通家長，我們為什麼要追逐分數、追逐名校？不知道，因為大家都這麼做，我們不做不行，我們既提供不了資源又提供不了平台，再不拚命學習，怎麼辦？我們這裡初中升高中只有百分之五十的比率，不逼著孩子學怎麼辦呢？」這位家長說。

但很明顯地，如果跳出了傳統教育制度，比如說到了德國，就不可能有德國的家長說出「不用填鴨式教育，就改變不了窮苦孩子命運」這種話。因為在中國振振有詞的「事實」，在德國的現實中，根本不合邏輯。

在這困境中，不只家長不知道怎麼辦，老師也說不知道怎麼辦。

有位任職某個高校的老師，說自己「眼見著學生普遍嚴重缺少思辨能力和創新能力，對國家和社會沒有責任感和使命感，情商低下，滿足於精緻地利己，真真是心塞。整個的教育體系和理念都有問題。我焦慮得很，自己的孩子怎麼辦」？

對有辦法的家長來說，「出國」似乎成了一種救贖。奇妙的是，這些為了追求自由學習的教育體系，而帶著孩子到世界另一個角落的中國家長，雖然有機會揚棄這個包袱，往往卻繼續使用同一套思維，在地球另一端用填鴨式教育的方式，逼孩子在根本不需要追求高分、名校的教育體制裡，在學業成績上求高分、進名校，並沒有改變對教養、教育的態度。

所以這個教養和教育的困境，從邏輯上可以明顯看出，不應該真是如此。

即使輸了，享受過程也很值得

面對升學困境，似乎讓每一個面對孩子升學的家長，就像每一對面臨離婚問題的伴侶那樣無所適從。不單每個人都深陷在「不得不做」的泥沼當中，每個人深信自家的情形，跟其他人完全不一樣，而無法自拔。就像很多生病的人，都相信自己的病情、體質跟其他一般的病人不同，但你不妨問問醫生，在他眼中，你的病情是不是真有任何獨特之處？還是只因為發生在自己身上，所以任何一般的病，就突然間變得特殊了？

如果「每個人都認為自己獨特」是不合邏輯的，那麼只有「每個人其實都差不多」才是真的。哈佛法學教授凱斯．桑思汀（Cass R. Sunstein）在《原力思辨》這本書中，試著用

《星際大戰》電影來解析生命中重要的事，其中一段說到人性的缺點，提到「九成的駕駛都自認開車技術在平均之上」，就是非常好的例子。我們都知道，平均肯定指的是「一半」，卻有絕大多數人都認為自己在「一半」之上，這是現實上絕對不可能成立的。類似的統計還有很多，比如大多數的美國人，都相信自己的外貌在平均之上。

學習成績也是這樣，每個家長都希望自己的孩子成績比別人的孩子好，因為想要「贏」就是參加競爭的本質，沒有任何一個理性的人是為了想要「輸」而參加競爭，但當競賽中每一個人的共同目標都是「贏」的時候，當然只會造成大多數人的失望。

這解釋了為什麼那麼多中國的家長，即使帶著孩子到了德國、芬蘭、澳洲、美國，也只是換個跑道競爭，換一套「不得不做」的藉口來逼迫孩子，「贏」那些並沒有打算競賽的孩子，這樣的家長並沒有真心地想要「改變」。

在邏輯思考中，我們試著學習用簡單的想法，來面對困難的事。

當遇到困境的時候，我們只有兩個選擇，一個叫「接受」，另一個是「改變」，沒有第三條路。

選擇參加「競爭」，就要接受最可能的結果是「輸」。競賽的冠軍只會有一個，其他所有人都是輸的，包括第二名在內。如果不能接受「輸」的人，根本就不應該加入競爭。認清參加競賽，除了一位勝利者，唯一的結果就是輸，仍然興高采烈，勇往直前，義無反顧的，就是能夠「接受」困境的人。

抱著僥倖的心理，想著「萬一贏了呢？」而參加競賽是非理性的，就像整天想著「萬一我中了頭獎呢？」的賭徒。如果可以欣然「接受」輸的結果，那麼參加競賽也無妨。但若明明知道極大可能性會輸，還欣喜加入的人，應該不是為了結果，而是充分理解，即使輸了，這個過程也是享受的、值得的。

如果這個競爭的過程，只是把自己或孩子推進了一個嘈嘈切切卻毫無勝算的賭局，既不享受，也沒有什麼值得可言，不能欣然「接受」失敗、享受失敗，那麼「改變」就成了唯一合理的選項。

接受孩子真正的模樣

我一個好同學，前兩天給我發了一條信息，說他的小兒子國小資優班畢業前想考國中資優班，畢業後卻表達不想進資優班，眾人勸說勉強去考後進了，接著發生睡眠問題，接續被班上同學言語霸凌。我這位同學提議孩子轉班或轉校，但孩子認為到哪裡都會有這個問題，選擇面對，卻持續有提不起精神學習的問題，於是只好先退出資優班。找過兩位精神科醫師，診斷出有憂鬱傾向與自殺傾向，目前選擇使用醫師開立改善交感神經低下、副交感神經偏高的藥物，目前又表達上私立中學數學補習班有壓力，覺得跟不上，決定先停數學補習，保留物理化學補習。

「我們當父母的，該怎麼辦？」

「你選擇接受孩子真正的樣子嗎？還是你不能接受？」我問他。

「我當然接受！」我這同學不假思索地說。

「你認為資優是他真正的樣子，或者只是你們希望他變成的樣子？」

「我認為他真的是資優。」

「如果是真的，請問你們夫妻倆，有哪一個從小資優嗎？」我問。「如果沒有，那你們的孩子是真資優的可能性偏大還是偏小？」

我這同學突然沉默了。

到底資優是先天的遺傳，還是後天的環境成就的？這個問題已經爭議了上百年，還沒有定論，但專家們大致都同意兩者皆是原因，兩者皆為重要。從我這位同學的描述，卻可以輕易看出，他孩子所謂的「資優」，絕對不會是真的。因為如果有對於數理方面先天的、異於常人的智能，表示這些事物對他來說，跟同年齡的學生比起來輕而易舉，若真如此，為什麼數學、物理、化學每一科都需要補習，而且在資優班裡壓力大到無法承受？難道這還不夠明顯嗎？

即使在這樣的種種證據顯示下，還堅持認為自己的孩子確實是資優的父母，算是能夠「接受」自己孩子真正的樣子嗎？我不認為。

我們口中說接受孩子，但是打從心底排斥、拒絕接受孩子真正的模樣，才是教養和教育真正的問題癥結吧？

如果大人能接受真正的自己

每一個孩子出生之前，父母都只期望他們平安健康，母子均安，沒有人把孩子是資優生當作條件。出生以後，第一件事不就是數孩子有幾個手指頭、幾個腳趾頭嗎？各數了十個後，就放了一百二十個心，比中大獎還要開心。

成長的過程當中，我們愛孩子很重要的原因之一，往往是「他跟我小時候好像」！但是上學之後，我們卻開始要求孩子變成跟我們一點都不像的人——無論是語言還是科學、琴棋書畫，最好通通有興趣，樣樣都精通；不但要聰明，還要聽話，孝順父母，也要好學；不單腦子要發育，還要長得高眺，長得美麗英俊；要會說話，且要誠實、善良、勤快，更要有情商會做人。先別說這些特質本身都是相互違背的（比如聰明的孩子不可能會聽話、誠實的孩子一定不會做人），而且這些要求，是我們大人自己都做不到的。

有多少家長在催促孩子讀書的同時，自己在發懶滑手機？我們的孩子，像我們一樣懶惰，不切實際，苟且偷安，充滿幻想，嚴以待人，寬以待己，不但對別人說謊，對自己也說謊，這才是合理的，因為無論先天的基因或是後天的家庭環境，都是這樣的。然而我們卻往往不知道我們挫折的真正來源，是拒絕接受孩子真正的樣子，以及拒絕看見、接受我們自己真正的面目。

「改變」孩子或「改變」自己，當然有可能。但就像物理學中說的，要將一個靜止的重物，抵抗慣性開始移動，並且不斷加速，還要求這物體長時間在上坡中持續移動，要達到這個目的，縱使花費十年、二十年、甚至一輩子的時間，雖然不是毫不可能，卻是非常費力，而且成功的機率極低。即便暫時改變了狀態，也不會改變這個物體的本質，就像人類即使可以找到在天空中飛行的方法，但永遠不會變成一隻飛鳥。

不能接受自己的缺點跟弱點，要求自己在人生裡無止境地去「克服」跟「戰勝」，是不是因為我們根本不能接受真正的自己？我們為什麼不能看清真正的自己，並且坦然接受真正的「我」？

如果大人能接受真正的自己，作為我們生命延伸的孩子，才有機會能夠接受真正的自己。任何有意義的改變，都必須建立在對自我接納的基礎上，才能變成有效的改變行動。

我好像可以聽見奧斯卡笑著說：

「讓我告訴你一個壞消息吧！人的行動或許可以改變，但本質是不會改變的。」

讓思考不再只是單行道

現在你知道了，邏輯思考，就是用簡單的想法，來面對困難的事。思考「教養」這件事，就像面對一場婚姻，要不全盤「接受」，要不就費力去「改變」，不可能只挑揀其中一些喜歡的部分接受，而冀望不喜歡的部分自動消失，否則就是缺乏現實感。改變沒有不費力的，代價非常高，而且無論如何改變行動，本質也不會改變。

最後容我提醒一句：每一個家長所謂「不得不」的無奈，其實都是自己有意識的選擇、也是必須負起責任的決定。

當思考在兩代之間，不再是單行道，而是雙向通車，這條思考的公路，就會變得順暢。當大家都熟稔交通規則、並且知道為什麼要遵守，而且從心底想要遵守時，有紀律的思考，帶來的就不再是限制，而是更大的自由。

當思考的種子，以家庭為單位萌芽的時候，存活長大的機率，就變得更高了。

我衷心期待這一天的到來。

實踐篇
⑬

別用孩子當藉口

透過邏輯思考後，卻發現往往是當一個人從「自己」變成「爸爸」或是「媽媽」的角色之後，不知道如何面對自己，跟孩子其實沒有什麼關係。

想要完美取得一切的平衡

許多表面上的「親子問題」，透過邏輯思考後，卻發現往往是當一個人從「自己」變成「爸爸」或是「媽媽」的角色之後，不知道如何面對自己，跟孩子其實沒有什麼關係。

比如我在哲學諮商室曾經遇過一個自稱「想在育兒及追求自我中取得平衡的新手母親」，她是這樣描述她的問題：

我是一名專職照顧三歲和一歲的兩個孩子的母親，原工作是一名NPO的社工員，向機構請了兩年的育嬰假，期滿後機構很希望我回去復職，目前一年已過，但我考量孩子還沒兩歲，想自己照顧她到三歲再返職場。所以，礙於制度，應該就會離職。

主要想問的問題是：我一直很嚮往心理諮商的領域，所以考慮要進修，就讀諮商輔導相關的研究所，但是有些考慮，我的思考路徑如下：

1.已經有孩子了，好像不是可以任性作夢了……可是要成爲自己喜歡的樣子，做自己喜歡的事啊！

2.原本社工偏輔導性的工作我也很喜歡啊！如果透過機構的在職訓練和定期督導，不能滿足嗎？一定要文憑嗎？……可是，我想要有架構、有系統性的完整學習啊！
3.育嬰結束後，要不要先回到實務工作中，再掌握、了解到時的社會現況與脈動？
4.如果選擇進修，等念完書都三十五歲以上了，而且以前又非諮商本科系，找得到機構想錄用我嗎？和我同齡又經驗豐富的應該有許多吧。
5.考量家庭經濟，如果等孩子讀幼兒園後就去進修，育嬰這三年我等於是零收入，又要再付學費出去，家庭總經濟便是負成長。還是要等育嬰結束，工作個一、兩年存自己的學費再去進修呢？

請問你會如何思考這樣的問題，又會建議我如何選擇呢？

準備工作：面面俱到的人，更應該簡化！

從這個問題可以看出，發問者是一個「考慮周全」的人。

「考慮周全」在中文裡是個相當含糊的概念，在日語中，卻有三種完全不同的表現。第一種是「配慮」，另一個是「気遣い」，還有一種叫做「心遣い」。第一種是「把需要考慮的事項通通考慮進去」的考慮周全，屬於「鉅細靡遺」。第二種是「考慮會不會有什麼不好的後果」的考慮周全，比較傾向「擔心」。第三種則是「考慮自己在行動之前先考慮對方會有什麼感受」的考慮周全，比較接近「體貼」。

首先，我想要知道，這位母親屬於哪一種的「考慮周全」。所以我問：

如果妳的母親，在妳為人母的現在，突然對妳說：「妳出生後我請了兩年育嬰假照顧妳，礙於制度就從喜歡的工作離職了。本來還想進修，但因為有孩子，還有種種找工作啊、錢啊這些現實因素，所以只好放棄夢想。」

母親這段落落長的話，其實把細節濃縮之後，就會變成「我（父母）為了你（子女）而犧牲夢想」這個陳述（statement）。請問妳覺得這樣的說法有什麼問題？可以的話，請列出五點。

面面俱到的思考

新手母親的回答很長：

我覺得這段話從子女的角度，可能產生的感受與想法如下：

1.子女成了代罪羔羊：

媽媽是否是在抱怨，因為生我，所以她必須放棄夢想？於是覺得自己成了絆腳石。因此，孩子形成兩種可能的狀況：

（1）順從的孩子：媽媽為了我放棄一切，我要有好成就才不枉費她的犧牲和付出。子女成為「聽話」的孩子，好像要為母親的一顰一笑負責，未來很容易為了不斷滿足媽媽的期望，而無法活出自己想要的人生。而子女的心理壓力也很大，永遠背負無法卸下。

（2）疏離的孩子：子女可能覺得「我也沒叫妳生我」，「那是妳的選擇，為什麼怪罪到我頭上？」好像出生時，就帶著原罪般，如果媽媽常掛在嘴邊說「我當時都是為了你犧牲……」可能容易形成親子關係緊張，孩子疏離家庭（因太無力產生的憤怒）。

2.我要為妳負責：

如果我聽到我的母親對我這樣說，我會想「媽，妳（這一生）快樂嗎」？我會有種隱隱的罪惡感，是我牽絆了妳，我希望我的母親是做她自己，我希望她的人生是真正的快樂，而不是「犧牲」。

3.子女在無形中也吸收了「隱」訊息：

身為人母的角色，應該要有所犧牲，為了撫育孩子，我應該像我媽一樣。不然，我只想到自己，為了自己，不就太自私了嗎？

4.無法自我實現的藉口：

看似母親的偉大犧牲，實則是一種無法完成自我實現的擋箭牌，只是，用這樣育兒的理由，似乎很合理化，也很英雄。說這句話「我為了你而犧牲夢想」的父母，感覺這樣的父母過得不是很快樂。而會說這句話的父母，感覺把人生的決定權都交給了子女，因為一個生命的誕生，而要放棄自己本來所追尋的。又，我覺得會說這句話的父母，應該也會常說「我會這麼做都是愛你，都是為你好」，因為他們從不問子女要不要、好不好，便一廂情願地以自己覺得應該的方式做。

5.「人受制於角色？」：

我覺得有一種被生命主宰的感覺，很無力，好像人走到這個（為人父母）階段，只能放棄夢想，只能因為制度而離職，有一種很無奈、主導權看似是自己但又不是的沉重感。明明是自己的選擇，不是嗎？

父母必須為子女犧牲，否則就是自私嗎？

從這些回答可以看出她的考慮中「配慮」「気遣い」「心遣い」三種類型都有，果然是個非常追求「面面俱到」的人。但我不確定她是不是從語言上誤解了我的意思，我明明請她提出五個「問題」（questions），應該是五個「問句」，她卻給了我很多的「分析」（analysis）。還是新手媽媽覺得「回答」比「問題」更重要？

當我問新手母親時，她承認自己不確定是否有回答出我的提問，但還是當中論題發揮，「有一種考試明明不會，卻還是要在試場裡待到最後一秒鐘的fu。」

連問題都無法簡化，當然無法簡化人生遇到的問題。這樣的人生一定很辛苦吧！

了解新手媽媽是個容易把問題複雜化的人，我決定從「簡化概念」著手這次哲學諮商。仔細看看，只有第三點比較像是「問題」，那就從第三點來著手吧。我稍微濃縮一下，簡化成這樣：

「父母必須為子女犧牲，否則就是自私嗎？」

我請問新手媽媽會怎麼看這個「問題」。結果我果然又得到了很長的回答。

新手媽媽的角色思考

新手媽媽回答：

針對這個問題，我自己內在有正反不同的聲音。以下的回答，比較像是我內在的自我對話。

認爲「是」的想法：

父母選擇把孩子生下來，就對另一個生命體有了責任，當然不能只想到自己，任性恣意妄爲，凡事都要以孩子爲第一優先考慮，尤其越年幼的孩子，自我保護及獨立成長的能力較低，必須倚賴父母的哺育撫養才能夠生存，因此爲人父母的角色，當遇到任何事時，有責任和義務要將子女納入考量。例如：當看到路上帶著子女還一邊抽菸的父母，我常在心裡生氣他們讓自己的孩子抽二手菸，爲什麼不能爲了孩子戒菸？或最近親戚中，爲人父母者爲了自己要去跨年，便把孩子交託給祖父母照顧兩天一夜，我生氣他們的自私，覺得都有小孩了還這樣。

這部分的我，反映我認爲應把角色和責任擺在自我之前。

回到我們現在說的「父母必須爲子女犧牲夢想，否則就是自私嗎？」我認爲，在這件事情上，批判的聲音較沒那麼高，不會說是自私。只是，必須納入現階段子女的需求和家庭運作的需要爲考量，而不能單只想到自己想要就要。我認爲做每件事，都有它最好的時機，錯過了，不是不能再實現，只是相對必須付出較高的代價。父母可以追求自己的夢想，但是，要考量實現夢想，照顧陪伴得到孩子嗎？爲了實現夢想，家庭的經濟是否能支應？還是經濟的重擔會造成伴侶的壓力？伴侶支持嗎？如果考量以上問題，×多於○，那我會認爲要暫時放下，自己不覺得是犧牲委屈，而是一種選擇。

認爲「否」的想法：

即使當了父母，當然仍應該保有自我，追求與實現自己想要的生活，這不是自私。如果在自我實現上爲了孩子犧牲，這樣是否會感到遺憾？有犧牲感的父母，會感到快樂嗎？有快樂的父母才有快樂的孩子啊！而且，我認爲，當父母爲了自己的夢想付出，認眞努力地生活，在一旁的子女一定也能感受到那股「爲喜歡的事情奮不顧身地努力」「夢想不是嘴上說說的口號，而是要靠自己雙手實踐」的態度吧！這是一種最實在的身教，而未來子女也會以這樣的態度過自己喜歡的人生。

綜合以上兩者，我的答案是：父母要看事情而有所取捨，選擇做自己並不等於自私，而是保有應對的彈性。例如，現在評估天時地利人和後，追求夢想碰到的阻力可能較大，那是否能夠緩個幾年再看看？是未完待續地放在心裡，而不是句號或休止符。

以上，是我的自我對話，有趣的是，我的思考看似回應自己的第一個問題，但也涉及回應到其他的部分。這樣對嗎？（哲學好像要互斥）還是沒關係……。

PS．因爲想呈現出思考的脈絡，所以寫得落落長，不確定若未來仍有應答的話，您會希望我仍如此完全寫出，還是列明最後的答案即可？另外，您將我的問題回到本質讓我思考，而我又跳回了自己的議題，是否會跑太快？

捨去複雜思辨後的簡單答案

我嘆了一口長長的氣：「我想妳自己一定也注意到了，妳總是覺得有需要『兩面俱呈』，這可能是一個讓妳自己很驕傲的習慣，讓別人覺得妳總是方方面面考慮周到。但是我覺得在『思考』上，這沒有什麼好處。實際上，這種『看情況』的答案，對於回答『是』

或『不是』，可以說一點幫助都沒有，只是耗盡精力而已。換句話說，妳覺得自己『很會想』，還是只是『想很多』呢？

「我們再來試一次吧！妳對『父母必須為子女犧牲夢想，否則就是自私嗎？』這個問題的答案，有沒有辦法簡單回答『是』還是『不是』？還是妳有取捨上的困難無法回答？」

她回答：「謝謝你點出我的狀況，我常想很多，也容易把事情複雜化，的確很內耗。至於『父母必須為子女犧牲夢想，否則就是自私嗎？』我認為不是的。父母也有追求自我的權利。」

新手媽媽這次終於做到簡化了，我因此順著她的回答追問：

「既然妳認為，為人父母不需要為孩子犧牲夢想，那妳會怎麼改變原本的這段陳述呢：妳出生後我請了兩年育嬰假照顧妳，礙於制度就從喜歡的工作離職了。本來還想進修，但因為有孩子，還有種種找工作啊、錢啊、這些現實因素，所以只好放棄夢想。」

然而新手媽媽又回到把事情複雜化的習慣：

「我想釐清一下，請問『改變這段陳述』的意思是說我媽在我為人母時，跟我說當時的情況，但奇蹟出現，時光倒轉，她可以改變過去的經驗時，她現在會怎麼說嗎？還是在事實不變的狀況下，我認為『為人父母不需要為孩子犧牲夢想』，那母親的這段話要如何用新的語言來陳述？」

「我說的是後面的那一種。一個根本不覺得有任何必要為子女『犧牲』的母親，會怎麼對子女重新陳述『妳出生後我請了兩年育嬰假照顧妳，礙於制度就從喜歡的工作離職了。本來還想進修，但因為有孩子，還有種種找工作啊、錢啊這些現實因素，所以只好放棄夢想。』這一段話呢？如果妳覺得這樣很困難的話，我們可以跳過去喔！沒有一定要勉強回答。」

「那我會這麼說：『媽媽在妳出生後到讀幼兒園前，選擇離開職場照顧妳。雖然當時有喜歡的工作，也想要再進修，但是我希望能夠提供妳穩定的生活，能夠看著妳每天的成長，陪伴妳即時的情緒，進修的事後來就放著了，雖然覺得有點遺憾，但是，我對自己的選擇也覺得很值得。』但自己說完，覺得這段話，不像是一個根本不覺得有任何必要為子女『犧牲』的母親會說出來的（有感受到自己心裡的矛盾）。」

我想對於新手媽媽的問題，我已經有答案了。

追求完美的人，注定要過著失望的生活

從前面幾輪的討論，我想，新手媽媽是個「完美主義者」，努力追求完美的人。我也是一個被認為這種很「龜毛」的人。但是妳知道追求完美的人，共同的結果是什麼？是變得完美？還是得到完美？

追求完美的人的共同命運是：永遠不快樂、注定要過著失望的生活。因為就算自己是十全十美的人，作為一個社工，我想妳比誰都要清楚，原生家庭，延伸至家庭、社區、社會、政治局勢、國際情勢，也會讓現實充滿了醜陋——更何況自己與十全十美的距離那麼遠。

舉凡取捨必有利弊，所有正面的積極行動都可能導致無法預計的負面後果——不信的話，看看為了健康努力運動跑步，卻造成癱瘓的人吧！妳明明是個知道這一切的人，為什麼還會堅持要找到一個在「育兒」和「專業」兩全其美的方法呢？

如何面對貪心與恐懼？

我想要請新手媽媽考慮兩個原因：

第一是貪心。妳可能沒有想過自己是一個貪心的人？

如果一個人希望自己在不完美的現實中，所有採取的行動都只有好的結果，不可以有壞的結果，要將兩年育嬰假的福利使用到極致，要當一個好母親，要進修取得學位，而且要能夠具備取得下一份工作的優勢，同時要教養出一個很棒的孩子，再投資於自己，還有育兒的過程中家庭經濟收入還要正成長，這是妳想要同時達到的六件事情；如果今天有一個個案的案主，告訴妳她要得不多，這六點就是她要的，妳會覺得她是一個怎麼樣的人？

一個貪心的人，會得到他想要的所有東西嗎？我可以很肯定地告訴妳：不可能。因為貪心的人想要的東西會無限制地增長。每達到一個目標，就會有一個更難、更大的新目標，所以貪心的人生，就是永遠無法滿足的人生。這是妳要的人生嗎？

第二是恐懼。

育嬰假為什麼一定要請兩年？妳怕失去什麼福利？

為什麼非當一個完美的母親不可？妳怕誰評斷妳？

如果妳知道不需要更高學歷就可以繼續做自己喜歡的輔導工作，想要進一步學習也隨時可以自己進修，為什麼還要一紙文憑？妳怕沒有文憑會有什麼壞的後果？

選擇進修，將近四十歲再度踏出校園的人，憑什麼要容易找到工作？

看到毫不在乎讓小孩吸二手菸的家長，會讓妳很生氣，但是這個孩子一定會比妳悉心呵護下的孩子更不健康、更不快樂嗎？養生的人如果得到癌症，會非常生氣，覺得命運不公平，妳也是這樣認為嗎？

對很多人來說，願意傾家蕩產培養一個孩子，也願意申請助學貸款為自己投資，為什麼妳養孩子、精進自己，還期待家庭的經濟正成長，妳比其他人來說，有更深的生存憂慮嗎？

一個充滿恐懼的人，會有安心的時候嗎？比如一個怕鬼的孩子，根本不需要看到鬼，只要隨時想到跟鬼任何相關的事物，就足以顫抖不已，開燈只是一個表面的解決方式，因為他相信黑暗的地方必然有鬼。唯有解除對鬼的恐懼，才是治本的方法。妳知道妳在害怕什麼嗎？

仔細想想，妳是被貪心，還是恐懼主宰？或是兩者皆有？我相信我提出這兩種可能性，讓妳（或是任何一個「完美主義者」）會覺得很不舒服，但還是請妳能夠想一想。

新手媽媽的反饋

新手媽媽說雖然我的回覆確實讓她覺得有點不舒服，卻很直接點出她的狀態，需要好好想一想自己究竟為什麼這麼恐懼、又貪心地想要全拿，人生的確沒有這麼好康的事，同時這也會把自己弄得疲憊不堪。

「我的追求完美，覺得要做就要做到最好，覺得人生要不斷自我精進，不然就是偷懶，覺得自己永遠不夠好……好多的內在聲音造成自己無法安在當下，也無法真正滿足快樂。謝謝您，提醒我要停下來，好好地靜下來想，整理自己的人生。」

我相信新手媽媽接下來有很多的思考工作要做，但是首先我要針對我們的哲學諮商尋求一些反饋：

1. 妳喜歡我們進行的這次哲學諮商嗎？有什麼喜歡或不喜歡的部分，想要分享嗎？
2. 關於我們討論的內容，有沒有什麼是讓妳自己覺得驚訝的部分？
3. 如果下次還要做哲學諮商，有沒有什麼是妳希望我們更加著重的？

新手媽媽的回覆是：

1. 我喜歡這次的哲學諮商：

起初您用幾個核心的問題，協助我思考本質；接下來，用好幾個問題的反問，像剝洋蔥般讓我看到自己（現在）的狀況，遇見眞實的自己。

在還未進行前，以爲會像一些商管類雜誌的讀者提問職涯規劃，得到一個從他人角度來看，會如何選擇規劃的答案。但是，您透過如此一問一答的方式，引導我看到存在我自己內心的狀態，最後也是開放性地鼓勵我再繼續思考，答案存在我心，而不是專家直接認爲應該怎樣。

2.有啊！很多令我驚訝的：

雖然以前就知道自己追求完美，也知道自己缺乏自信，但從您最後那封信的回覆，我很驚訝地找到了答案，也觸動了最眞實的自己。

原來這兩者有關，我內在覺得自己不夠好的部分是最根本的，它造成我一直想追求好，一直想向外抓取，卻使得自己無法安於己心，享受當下。

我也很驚訝，從來都覺得自己很簡單知足，是個不貪心的樸實人，但看一看那六點，哈哈！還眞的是滿貪心的！

最後，您的提問，打破我原本不自覺的理所當然，也令我驚訝。我本來以爲自己照顧孩子是很理所當然的事，從孩子出生，就希望自己可以照顧她到至少三歲入學前。從您的反問中，有種被敲醒的感覺，「對啊！爲什要當完美的媽媽？」我並不是怕被誰評斷，但是爲什麼呢？我還在找答案。

3.希望更加著重的部分，目前沒有想到耶！謝謝您在一開始便讓我感受到尊重，也感謝在整個過程中有耐心地回覆和引領。

如果你也是一個「考慮周全」的完美主義者，為人生現實覺得疲憊，或許可以跟這位新手媽媽一樣，從學習簡化問題開始，舉凡能用「是非題」回答的問題，就不要變成申論題。

另一方面，覺察「追求完美」的背後，其實往往是「貪婪」跟「恐懼」的化身。如果不想要讓人生被貪婪和恐懼綁架的話，就從停止追求無止境的完美開始。有時候，學習放自己一條生路，認識適可而止的「夠好」，可能比「最好」更值得追求。

別當你爸媽的爸媽！

「沒有人生目標的退休老爸，我該怎麼幫他安排？」

「媽媽就要退休了，但不知道要幹嘛……」

通常以「控制」為中心的親子關係，便是這些從小接受安排、被控制的子女，在充滿痛苦的衝突中長大以後，有一天父母年老時，關係會突然對調，子女搖身一變，成為那個愛控制的父母，只是控制的對象，從自己的孩子，擴展到老邁的父母。

我在哲學諮商室就遇過一個這樣的例子。這個自稱「很忙的女兒」是這麼說的：

我爸是個待退狀態的公務員，在職場上是中階主管，總是被小人排擠、欺負，目前熬到剩三年就可以退休了。

媽媽問他退休後有什麼打算？他覺得自己找不到方向，不知道要做什麼？

我因緣際會下知道了阿北，開始介紹很多您的書給我父親，希望他能夠多些正面思考，他看完後，認為受益良多，不過我感覺他還是不知道自己要做什麼。媽媽則希望他能咬牙撐過後續痛苦的三年，暑假也會帶父親到歐洲去玩，看得出來，他很快樂。

我有次聽父親說，他想繼續考國家特考，家人都勸他放棄，因為他連續考了好幾次，分數都差零點幾分而名落孫山。他現在在職場的狀態其實不太好，可是對機關有三十年的感情了，也割捨不下。我們做家人的，真的很擔心他的身心會受到很大的影響，希望他趕緊退休去做別的事情，但他說他找不到方向。我想請教一下阿北的意見，就我父親現在的狀況，有什麼建議嗎？

六個問題，你也來回答看看

我是這樣說的。「在我回答妳的問題前，請讓我先問妳三個問題：

Q1：從小我們都希望自己能夠決定自己的人生方向，而不是被父母決定。但是妳覺得妳應該幫父親決定他的人生方向嗎？

Q2：妳覺得父親爲什麼沒有人生方向？

Q3：人生一定要有方向嗎？人生沒有方向眞的不行嗎？」

「很忙的女兒」思考了一天以後，做出這樣的回覆：

A1：做孩子的當然不希望自己的人生方向被父母決定。但是，看到他在那個職場上雖然很開心做那份工作，卻飽受欺凌，每次都是媽媽在幫他處理，後來他終於受不了了想要退休。我只是希望讓他在退休的日子裡不要過得無聊，所以給他指了幾個方向，讓他尋找自己的興趣。

A2：我覺得，可能因爲他在公務生涯裡每天做重複且同樣的工作，對自己失去了信心和動力。

A3：我是認爲不要沒事做……如果是我，會害怕死的時候想到自己什麼事都沒做，我不能接受無聊。其實家人的用意，都是希望他能快活地過退休後的日子，並不希望他一定要去做什麼。

得到「很忙的女兒」初步回答以後，我繼續追問三個問題：

Q4：從妳的回答裡，我不覺得妳扮演的是一個女兒的角色，妳聽起來更像是妳父親的媽媽。如果今天妳把「父母」跟「兒女」的情況，在這個問題當中對換的話，妳會怎麼形容這樣的家長？

Q5：妳憑什麼認爲父親以前的生活有人生方向？有沒有可能，他從來就是一個沒有人生方向的人？如果有的話，他以前的人生方向是什麼？

Q6：人生方向的目的只是爲了避免無聊嗎？那麼妳自己的人生方向又是什麼？是爲了避免無聊嗎？

「很忙的女兒」的回答是這樣的：

A4：如果是父母這樣要求子女，我覺得這個孩子會感到父母太過強勢地逼迫自己，以至於人生被控制，沒有自由。

A5：這樣想來，父親應該是從以前就這樣。以前日子比較苦，都是走一步、算一步，就是用一直考試的方法，考公務員也考了十多次。

A6：我的人生方向，是希望自己過得有意義些，不希望荒廢歲月、荒誕地過一生。不只是排遣無聊，而是實踐夢想。至於我的夢想是去加拿大學習特效化妝，成爲一個整體造型師。

你的主觀判斷了一切

從這兩輪總共六個問題，「很忙的女兒」，妳應該也可以看得出來，妳的父親根本不在乎退休後「失去」生命的方向，他「一直」是個本來就沒有生命方向的人。

生命一定要有方向嗎？妳說有了方向，父親的生活就不會太無聊。但這會不會是妳從自己一個擁有夢想、想要實現夢想、為自己的生命找尋意義的人這個主觀角度對父親的人生做出來的評斷？

父親的生命或許從來沒有方向，但是他成功地養育了一個家庭，讓妳成為一個有能力擁有夢想的人，而且給了妳一對可以追求夢想的翅膀，不是嗎？對於一個凡人來說，難道這樣真的還不夠嗎？

一個從來沒有人生方向的人，如果突然被家人「太過強勢地逼迫」勉強找出一個方向，以至於「覺得自己的人生被控制」，這樣的退休生活，真的會比原本沒有方向的人生更好嗎？

沒有夢想，沒有人生方向的人，這麼該死嗎？

或許，這是每一個很忙的兒女，都應該問自己的問題。

實踐篇
⑭

集體生存焦慮症

——放下貪婪與恐懼的壞習慣

在「情感」和「理智」兩個面向上，我們必須學會做出更好的選擇，才能夠在這個沒有標準答案的世界上坦然生存。

誰說書看完才可以買新的？

在馬來西亞檳城的書展上，聽到一個小朋友跟媽媽的對話。

小朋友問：「為什麼我不能買書？」

媽媽很堅決地說：「因為要一本看完，才可以買另外一本。」

於是我決定跟這位華人母親臨時進行一次哲學諮商的對話，問題就是：「為什麼書要看完才可以買新的？」

首先，我問這位母親為什麼她覺得書要看完才可以買新的？她的回答是：「因為我要孩子從小懂得珍惜，不要養成浪費的習慣。」

「根據妳的原則，如果買了一本書，發現不值得看，也一定要看完嗎？」

「對。」

「那妳的孩子不會抗議嗎？」我問。

「我已經把他訓練到不敢隨便要求買東西了。」這位媽媽在孩子面前自豪地說。

我意識到「不能浪費」這個概念，在華人之間特別強烈，強烈的「生存危機意識」已經有意識、無意識地成為華人代代相傳的共同性格。但是不能浪費，可以用在這個場合嗎？

我理解不能浪費食物的重要性，因為通常就算不喜歡的食物，吃下去還有營養，對身體也有好處。但我們應該用同樣的原則，教育孩子不能「浪費書」嗎？

為了確認這位母親的想法，我問她：「如果買了一本書，開始閱讀之後才發現一點也不值得讀下去，就算勉強讀完了也不會得到任何養分，有沒有這個可能性呢？」

「有可能。」媽媽說。

「這樣的話，如果因為花錢買了書，所以堅持孩子一定要花時間讀完根本沒有收穫的書，這樣豈不既浪費錢，又浪費時間嗎？」

「這樣說也是。」母親同意。

「所以妳認為『錢』比『時間』重要嘍？」

母親遲疑了一會兒，「我覺得『時間』比較重要。」

「所以妳看到這個矛盾的地方了嗎？」

「我看到了。」

「如果妳遇到一個認為錢比時間還要寶貴的人，妳會說他是一個怎麼樣的人？」我接著問。

「愛錢。愚笨。」

沒有人想要被認為是愛錢如命的笨蛋，然而規定孩子就算不值得看完的書，只要花了錢買的就非讀完不可才准買新的，這跟有些頑固的老人家，堅持因為食物是花錢買的，所以即使過期發霉也要強迫自己吃光一樣，不但沒有好處，可能還會給健康帶來更大的傷害。

媽媽只愛錢，不愛自己的孩子

於是，我跟這位母親說一個我認識的菲律賓移工瑪麗蓮的小故事。

我告訴她我在泰國認識一個來自菲律賓的老師，在孩子出生以後因為養不起孩子，不得不把孩子放在娘家，到泰國的公立小學去當助教教英文。在菲律賓從來沒有做過家事的她，週末還輪流到我們一些朋友家去幫忙做清潔、洗衣的工作，每個月把辛苦工作存下來的每一毛錢，都寄回老家。有時候孩子突然需要醫藥費，或開學需要繳一大筆學費，她拿不出錢來，只好跟我們預支薪水。我們都知道她的情形困難，所以就算她家事做得不好，甚至還預支了相當於十個月的薪水，我們也睜一隻眼閉一隻眼。

這樣的日子過了長達十多年的時間，中間她幾乎沒有見過自己的孩子，痛苦萬分的時候，只要看著孩子穿著整潔制服的照片，還有表現優異的成績單，才有力量繼續忍耐下去。

終於有一天，孩子上大學了，瑪麗蓮卸下經濟的重擔，準備回家鄉。可是她的孩子卻不想要見這個好不容易回到家的媽媽。媽媽非常傷心，在電話裡問孩子為什麼。孩子說：

「瑪麗蓮，因為妳根本不愛我，只愛錢。」孩子從小就抗拒叫她「媽媽」，總是直呼她的名字瑪麗蓮，聽起來刺耳極了。

「你怎麼這麼說！我到國外辛苦工作，都是為了賺錢給你啊！」

「妳騙誰啊？如果愛我，怎麼可能為了賺錢離開我，錢對妳來說，當然比自己的小孩還要重要。這是很明顯的。」孩子說，「如果妳真的愛我，無論日子過得再苦，妳都不會離開我。」

瑪麗蓮的孩子有說錯嗎？

從邏輯上來說，這孩子說得一點都沒錯。

說完這個故事後，我問這位母親：「妳希望孩子長大以後認定妳是一個愛錢、愚笨的母親嗎？」

「當然不希望。」

「那或許妳要重新考慮，『書一定要看完才可以買新的』這個規定。妳的孩子之所以不敢要求買新書，說不定他已經覺得媽媽把錢看得比自己還重要。」

「謝謝，我知道了。」這位母親當場買了一本我的新書，並且請我簽孩子的名字在書上。老實說，我心情有點複雜，因為這個才剛上小學的小朋友，莫名其妙又多了一本既沒用、也不想看的新書。

究竟是「節儉」，還是「生存焦慮症」？

這次現場的迷你哲學諮商，讓我更仔細想一些華人對自己相當不利的性格。

比如說許多華人忍不住將所有沒有辦法賺錢的「花錢」一律視為「浪費」，而不是讓自己生命快樂的「投資」，就像視所有人生的困境為「倒楣」，而不是「挑戰」。

說到浪費這件事，華人之間代代相傳的「生存危機意識」，讓父母從小就灌輸非華人無法理解的「不念書就不能賺大錢，長大就會變成乞丐」的奇特邏輯。不只孩童，成人對自己的生存狀態也沒有安全感，覺得即使今天穩定，明天也可能「飯碗被他人搶走」。

實際上，「搶飯碗」這個讓「工作」等於「生存」的形容詞，讓華人的生存焦慮處處表現在語言中，我的確從來沒有在任何其他中文以外的語言中見過。

就算全世界華人之中最富裕的新加坡社會也不例外，李光耀父子不斷強調新加坡小國寡民，必須時刻保持危機意識，就是一個最顯著的例子。新加坡的富裕層占人口比例明明是世界第一位，比總人口相當的瑞士還要高，但排名第二位的瑞士並沒有用恐懼來治國，而是用「安全感」來塑造穩定的國家形象。

在危機意識薰陶下，個人跟外在的世界對華人形成一種強烈「與人為敵」的生存競爭意識，只有少數人有強烈安全感。大多數人都認為別人在虎視眈眈等著搶自己的飯碗，所以在華人圈，很難得遇到衷心為他人的成功或是幸福感到開心的人——如果「敵人」都幸運了，自己可能就會「倒楣」，所以寧可他人遭殃，或是其他人都跟自己一樣不幸。

要學會多少人生的祕訣呢？

在封閉社會中，因為資源是固定、有限的，所以如果別人遭殃，自己可能就會有多「掙一口飯吃」的機會。於是在多元社會當中，華人族群相較於社會上的其他社群，往往明顯缺乏同情心。

來自重慶的美籍華人雲易，在觀察東西文化的部落格中寫了〈從進化和心理學的角度解析中華民族的「群體妄想症」〉一文，就做出「華人群體總體上是一個有『生存焦慮症』的病態群體」這樣的結論：

> ……一旦自己比不過別人，自己的生存就會受到威脅（典型的與「他人爲敵」的心態）。貪婪，是一種永不滿足的奢欲，而之所以「永不滿足」，其實就是因爲人在不斷地獲取身外之物的過程中一直沒有得到眞正的安全感。再看猜忌，或者說對他人的極不信任，這也是一種非常典型的生存焦慮症狀，因爲它和「攀比」一樣，是源於一種「他人就是敵人」的理念。
>
> 中國人之間普遍互相爲敵，無信任感嚴重至極，是中國社會缺乏誠信的根本原因。一個由不信任他人的人組成的社會，自然是病態（險惡）的社會，而這個社會又反過來影響這個社會中的個體，導致人之間的更加不信任。這樣的雙向（個體與社會）消極影響和惡性循環，使中國社會永遠走不出人與人之間相互利用甚至相互陷害的怪圈。

作者還提出一個相當有趣的理論，解釋為什麼華人是這個世界上最注重教育的文化群體，過分注重教育，相信人生的一切祕訣都能通過學習得來，所以，只要一個人認真學習古人、長輩及他人的既存經驗，人生就不會走彎路。好多華人喜歡無限打聽他人的個人經驗，以「學習」為名，實則自覺或不自覺地占他人便宜，就是典型的缺乏冒險精神的行為。

害怕失敗、冒險、浪費的「恐懼」，帶來「注重教育、喜好學習」的表象，但是學習、求知背後真正的動機，卻是「貪婪」，占有經驗者的便宜。

或許「書看完才准買新的，才不會浪費」這個表面上完全無害的想法，背後透露華人是一個多麼缺乏冒險精神和同情心的民族。連買書讀書都一定要「有用」，不然就是「浪費」，對外充滿恐懼不願意冒險，寧可基於模仿只做小規模的改進。因此沒有真正革命性的競爭力，對內沒有安全感，難以建立一個公平正義的社會。

我們或許無法輕易改變華人的集體性格，但是如果作為個人，能夠有意識地檢視自己的思考，或許能夠在建立安全感的過程當中，慢慢放下「恐懼」和「貪婪」的壞習慣。

下課鈴響

態度改變，人際關係就改變了

因為學習哲學思考，改變了我看待人、看待世界，甚至看待自己的方式。

「我對你這麼壞，為什麼還一直跟著我？」

說來荒唐，但從奧斯卡口中聽到最感動的一句話，竟然是：「我對你這麼壞，為什麼還一直跟著我？」

原來他也知道自己對我很壞啊！不知道為什麼，聽他這麼說，我突然原諒了他帶給我的一切麻煩，以及一切心理創傷。

我這位法國哲學老師，像孩子般純粹，充滿了各式各樣讓人讚嘆的想法，同時生活上又充滿各式各樣讓人惱怒的缺點，有時讓人笑不出來，卻又無法動怒。

他說這句話的時候，是在北京的一個國際寫作論壇，當時我正在對許多教育者跟家長，進行一個所謂的「大師講堂」，示範以讀者觀點為中心的寫作課。結果他老人家帶著兩個得意門生衝進教室，強迫這兩位門徒，當眾對我的示範課從哲學思考的角度，提出批評，比如對學生的態度問題處理得不夠嚴厲，或是思考過程中幫忙學生太多等等。其實他們說得一點都沒錯，因為我的性格就是無可救藥的爛好人！太過溫和、害怕衝突，的確是在帶領哲學思考課程的時候，時常會出現的問題，我也同意如果刺激不夠強，思考的力道也可能就出不來。

老實說，我在國際研討會上所謂的「大師講堂」，被自己的老師當面批評，其實並不覺得難受，因為這就是奧斯卡會做的事。批評只要是真誠的、符合邏輯的，我都歡喜接受；倘若受到不真誠的讚美，或被思考不合邏輯的人喜歡，我反而會覺得丟臉。

但不了解這層師生關係互動方式的與會者，顯得有些坐立難安，因為在這前一天奧斯卡帶領的「大師講堂」示範課上，奧斯卡就因為被認為太過嚴厲，以及都在糾正學生的態度問題，結果被觀課的老師認為脫離主題，而遭到部分與會者嚴重反彈。他到我的課堂上這麼做，在別人眼裡，難免有鬧場、報復的意味。

這兩位被奧斯卡指定批評我的學生，一位已經跟隨了奧斯卡十多年，也是奧斯卡在巴黎索邦大學指導博士論文的學生，因為已經是老油條了，所以勇敢地拒絕了奧斯卡。另一位拒絕不了的，明顯聲音顫抖，事後聽說她還為了了解自己的這種恐懼，跟一個非暴力溝通的資深教練做了一節諮商。

我真的改變了

會後，我在旁邊的露天咖啡館找到他們，很自然地拉了張椅子在奧斯卡身邊坐下。奧斯卡看到我，立刻問我對他們的批評有什麼看法。

「當老師為學生做太多，對孩子的感受太小心翼翼的時候，確實是一種老師不信任學生思考力跟抗壓力的表現。我覺得是很好的提醒。」

我說完後，奧斯卡很高興地哈哈大笑，跟那兩位學生說：

「你看吧！我就說沒問題的，他不只能接受批評，甚至還喜歡我們給他的批評呢！」

我對著他們微笑。兩位學生卻尷尬地閃躲我的眼神，彷彿難以面對。他們可能無法判斷我說的是真心話，還是場面話吧！

我在那一刻，才驚覺到這幾年來跟隨奧斯卡學習哲學思考，對於我在態度上的改變。如果是以前的我，肯定會難過好幾天。

就是在這時候，奧斯卡吐了一口菸，有感而發地說：「我也不知道，我對你這麼壞，為什麼你還一直跟著我？」

或許，這個問題的答案是，因為學習哲學思考，改變了我看待人、看待世界，甚至看待自己的方式，而教會我這一切的啟蒙老師，正是這位難搞的奧斯卡爺爺。

奧斯卡對思考，有著像太陽般的熱忱，有時讓人無比溫暖，有時讓我像巧克力在驕陽下融化，有時則讓我的腦袋蒸發一片空白，也有時候讓我全身過敏，憤怒燃燒，甚至像焦黑的死屍般只剩下餘燼。但是太陽如此純粹，太陽本身是不會調整溫度的，完全取決於太陽下的我，是冰塊、石頭、一攤水、一隻鳥、一棵樹，還是一根火柴，或一張寫滿標準答案的紙。

奧斯卡並不完美，就像所有凡人一樣，充滿了缺點跟矛盾。但是他又跟所有凡人不一樣，他是我在這個世界上所認識，唯一一個把思考當成最重要事情的人。

奧斯卡很愛錢，卻沒有什麼物質慾望。跟思考相較起來，錢又顯得對他一點都不重要了。

奧斯卡很愛談錢，甚至出國工作的時候，每天晚上都還要學生幫他數錢，算當天一共賺了多少。偏偏我很怕跟人談錢，一旦為了工作坊預算的問題談不攏的時候，為了避免衝突，我就會很快說那我不做了，請他自己找別人做。奧斯卡這時又會語帶哀傷地說：「你只是不喜歡我跟你談錢，還是你對思考沒興趣了？」

我回答我對思考是很有興趣的，只是不喜歡談錢，奧斯卡就會略感欣慰，但是接著就故態復萌，提出很瞎的建議：

「那你就接受我提的數目，不就沒事了嗎？」

我從奧斯卡談錢的話術，都忍不住懷疑他以前是不是有兼差在阿爾及利亞的市集賣波斯地毯痛宰觀光客！

哲學思考太有趣！一輩子要一直學

奧斯卡連吃美食都懶惰，但是對於思考卻可以晝夜不分，時常三更半夜會突然收到他的簡訊，堅持要立刻打電話討論他對於某一個觀念的想法，或是要我看一篇他剛剛寫完的哲學文章，並且立刻就要我給予回應，完全不在乎對方的時區，或別人是不是正在忙別的事。

「你是個沒有什麼『人前人後』兩種樣子的人，」奧斯卡接著說，「我也沒有，但是我那來自阿爾及利亞的媽媽就不是這樣了，我從小就記得她會交代這件事不要告訴你爸爸，那件事不可以跟誰誰說……」

奧斯卡討厭人前一套、人後一套，哲學思考上的一致性，是一種誠實的表現，而且是對別人跟對自己都一樣誠實；但是誠實，也給奧斯卡的人際關係帶來莫大的困擾，不只沒朋友，還很容易吃官司！

或許是我後知後覺，那天睡覺前，我回想這段對話，才很驚訝地發現，咦？我被奧斯卡歸類為跟他是同一種人，難道是被奧斯卡小小誇獎了嗎？還是我自己的錯覺？

無論真的也好，錯覺也好，我都看到自己正處在哲學思考的世界，我願意一直跟著奧斯卡學下去，直到他哪一天決定把我逐出師門為止。

當然，如果我再繼續說下去，那一天恐怕會提前到來，所以我決定還是就在這裡打住。或許可以說，這就是哲學思考應用在處理人際關係上表現出來的智慧嗎？（笑）

【延伸閱讀】

褚士瑩　完整暢銷書單

榮登博客來網路書店、誠品、金石堂書店排行榜
獲博客來網路書店　暢銷華文作家TOP3

第73梯次
好書大家讀
入選圖書

♛系列銷售突破100000本

封面改版中

第64梯次
好書大家讀
入選圖書

在西拉雅呼喊全世界
褚士瑩發現台灣之旅

給自己的10堂外語課
這是突破人生限制的希望之鑰！

第74梯次
好書大家讀
入選圖書

第73梯次
好書大家讀
入選圖書

2017年度
最佳少年兒童
讀物獎

誰說我不夠好？
抓住否定自己的原因，
找到肯定自己的方法

我為什麼去法國上哲學課？
擺脫思考同溫層，
拆穿自我的誠實之旅

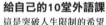

1年計畫10年對話
預約10年後的自己，
需要年年實踐與更新

1份工作11種視野
改變你未來命運的
絕對工作術

比打工度假更重要的11件事
出國前先給自己這份
人生問卷

給自己10樣人生禮物
成就動詞型的生命地圖
就在這10個關鍵

旅行魂
Travel Awakens My Soul

美食魂
全世界都是我的餐桌

55個刺激提問
把好事做對，
思辨後的生命價值問答，
國際NGO的現場實戰

我，故意跑輸
當自己心中的第一名，
作家褚士瑩和流浪醫生
小杰，寫給15、20、30
、40的你！

一個旅人，在西拉雅
遇見台式生活美感

企鵝都比你有特色
給自己的10堂說話課，
成為零落差溝通者

用12個習慣祝福自己
養成免疫力·學習力·
判斷力

Creative 141

我爲什麼去法國上哲學課？（實踐篇）

思考讓我自由，學會面對複雜的人際關係，做對的決定

作者｜褚士瑩
出版者｜大田出版有限公司
台北市一〇四四五中山北路二段二十六巷二號二樓
E-mail｜titan3@ms22.hinet.net http://www.titan3.com.tw
編輯部專線｜（02）2562-1383 傳真：（02）2581-8761
總編輯｜莊培園
副總編輯｜蔡鳳儀 行政編輯｜林珈羽
行銷編輯｜陳映璇／黃凱玉
內頁美術｜陳柔含
校對｜黃薇霓／鄭秋燕
初版｜二〇一九年十月一日 定價：三二〇元
二刷｜二〇二〇年十一月二十日
總經銷｜知己圖書股份有限公司
台北｜台北市一〇六大安區辛亥路一段三十號九樓
TEL：02-23672044／23672047 FAX：02-23635741
台中｜台中市四〇七西屯區工業三十路一號一樓
TEL：04-23595819 FAX：04-23595493
E-mail｜service@morningstar.com.tw
網路書店｜http://www.morningstar.com.tw
讀者專線｜04-23595819＃230
郵政劃撥｜15060393（知己圖書股份有限公司）
印刷｜上好印刷股份有限公司
國際書碼｜978-986-179-571-3 CIP：107/108012373

填回函雙重禮
①立即送購書優惠券
②抽獎小禮物

國家圖書館出版品預行編目資料

我爲什麼去法國上哲學課？（實踐篇）／
褚士瑩著.
——初版——臺北市：大田，2019.10
面；公分.——（Creative；141）

ISBN 978-986-179-571-3（平裝）

107 108012373